培智学生康复训练
课程的实践研究

蔡晓莉◎编著

四川省蔡晓莉名师工作室

电子科技大学出版社
University of Electronic Science and Technology of China Press
·成都·

图书在版编目（CIP）数据

培智学生康复训练课程的实践研究 / 蔡晓莉编著
. — 成都：成都电子科技大学出版社，2025.4
ISBN 978-7-5770-0917-9

Ⅰ. ①培… Ⅱ. ①蔡… Ⅲ. ①儿童教育－特殊教育－
课堂教学－教学研究 Ⅳ. ①G764

中国版本图书馆 CIP 数据核字（2024）第 045314 号

培智学生康复训练课程的实践研究
PEIZHI XUESHENG KANGFU XUNLIAN KECHENG DE SHIJIAN YANJIU
蔡晓莉　编著

策划编辑　卢　莉　杨雅薇
责任编辑　杨雅薇
责任校对　卢　莉
责任印制　段晓静

出版发行　电子科技大学出版社
　　　　　成都市一环路东一段 159 号电子信息产业大厦九楼　邮编 610051
主　　页　www.uestcp.com.cn
服务电话　028-83203399
邮购电话　028-83201495

印　　刷　成都市火炬印务有限公司
成品尺寸　170 mm×240 mm
印　　张　10.5
字　　数　180 千字
版　　次　2025 年 4 月第 1 版
印　　次　2025 年 4 月第 1 次印刷
书　　号　ISBN 978-7-5770-0917-9
定　　价　61.80 元

编　著
蔡晓莉

参编人员

廖兴君　刘坤燕　许　超　叶远媛
王玉碧　黄梅菡　徐　玮　马　秦
林泽毅　陈　兰

序　言

欣喜地读到成都市武侯区资源中心蔡晓莉校长等编著的《培智学生康复训练课程的实践研究》，看到他们在相关课题研究成果基础上提炼而成的这本专著，我由衷地高兴。

本书是在解决一线培智学校和随班就读学生实际康复需求问题的过程中，总结出来的研究成果，它展现了我国培智教育专业化发展的进程。

还记得我参与编写我国第一套培智教育教材的情形。当时，在普通教育各学科课程的基础上，根据"降低难度、放慢进度，小步子、多循环"的指导思想，编写了我国第一套供轻度智力障碍学生使用的培智教材。在那个时期，培智教育还没有考虑教育康复的问题。

如果以我国第一套培智教育教材作为基线来对照这本书，我们看到我国培智教育取得了明显的进步。《培智学校义务教育阶段课程标准（2016年版）》（简称《课程标准》）规定了康复训练的选择性课程。目前康复训练这门课程还没有相应的教材。虽然有迫切的需求，但根据《课程标准》来编写教材难度非常大。这是因为，一方面，培智学校接收的学生障碍类别越来越多，康复需求越来越多样；另一方面，学生的康复需求具有显著的个体差异。因此，要在《课程标准》的基础上编写出一套具有专业性、实用性，能满足学生显著个体差异的康复训练教材是一个挑战。蔡晓莉团队勇敢地面对需求，迎接挑战，在循证实践基础上对康复训练课程进行了研究。

此书有以下几个特点值得读者关注。

第一，它与《课程标准》的康复训练课标实现了对接，并在内容上有了新的扩展和具体化。作者团队探索出的康复训练课程包括运动、感知、沟通和情绪等四大内容。

第二，它解决了康复训练目标如何评估的问题。作者团队对康复训练目标采用了课程本位评估的方法。课程本位评估是一种与课程内容紧密结合的非标准化评估。它是适合一线教师应用的一种评估方法。目前，康复训练目标测评的方法大致有两种：一种就是功能性的评估，另一种是支持性的评估。这两种方法都可以将康复训练目标与学生的康复需求联结起来，通过前测找到康复基线，通过后测看到训练后的成效，从而客观地呈现学生通过康复训练取得的进步。

第三，作者团队在康复评估的基础上，为具有康复需求的学生量身定做了个别化教育康复计划，通过这个个别化计划将康复训练的目标与每个学生的康复需求进行精准对接。

第四，作者团队依据个别化教育康复计划，在集体差异教学中将康复目标融入相关课程中。以动作康复为例：粗大动作可以融入运动与保健等课程中，也可以融入唱游与律动等课程中；精细动作可以融入绘画与手工、写作等课程中。同理，作者团队认为感知、沟通交往、情绪行为目标都可以用同样的方式将康复训练目标与学科教学结合起来，还可以通过个别化教育康复计划在专业教室和资源教室对学生进行一对一的个别康复训练。

第五，作者认为，通过个别化教育康复计划，康复训练可以深入家庭、社区，提升学生的家庭和社区适应能力，可有效弥补我国培智教育的薄弱环节。

第六，本书展现了作者团队的一个重要成果——康复训练课程的信息网络化的应用。教师可以在信息化网络平台上记录每个学生的测评结果和课程教学成效。借助信息网络平台，康复训练课程可以进行跨个案、跨学校和跨社区应用。此外，作者团队还开发了一套数字化的康复训练教学资源。

综上所述，本书既可满足培智教育一线教学的实际需求，也探索了一种趋势，即我国的康复训练正在从医院康复逐步走向教育康复和社区康复。2017年，我在美国加州州立大学的北岭分校访问的时候，看到该校物理治疗的博士点正好有一位中国的留学生在那里攻读博士。我由此看到了康复训练从医院走向学校的具体例证。今天，我在蔡晓莉团队的研究中看到了康复训练在教学一线的循证实践研究。我认为，我国的康复训练正在从医院走向学校，走向社区，走向每一个有康复需求的儿童和成人。无论是从学科建设走向教学实践，还是从教学实践走向学科建设，两者相向而行，目标一致。蔡晓莉团队探索出了康复训练走向学校和社区的新路径。

中国残疾人康复协会理事长、教授 许家成

2025年3月

前　　言

　　随着特殊教育事业的深入推进，培智学校的生源结构发生了显著变化，中重度障碍学生比例持续攀升，孤独症谱系障碍及多重障碍学生占比已超过半数。面对这一趋势，我国特殊教育政策不断调整优化，2007 年教育部颁布的《培智学校义务教育课程设置实验方案》首次将康复训练纳入选择性课程体系，突显其重要地位；2016 年《培智学校义务教育课程标准（2016 年版）》的出台，则进一步明确了康复训练课程的性质、目标与内容框架，为其实施提供了政策依据。

　　然而，课程落地仍面临诸多挑战：专业康复师资匮乏、学校课程管理体系滞后、教学组织零散化等问题，导致"谁来教""教什么""如何评"等核心环节难以突破。此外，因课程标准缺乏细化的评估工具，教学目标的精准性与课程质量的可控性受到制约。在此背景下，研发科学、系统的康复训练评量体系成为各地探索的重点方向。

　　政策层面，"医教结合""教育与康复相融合"的理念持续深化。《国家中长期教育改革和发展规划纲要（2010—2020 年）》《特殊教育提升计划》系列文件及 2022 年《"十四五"特殊教育发展提升行动计划》均强调技术创新与跨领域协同，提出"推进特殊教育智慧化建设""开发数字化课程资源"，为康复训练课程的改革注入新动能。

　　基于上述背景，作者团队以个别化教育计划为核心，以"基于信息技术构建特需儿童康复训练家校社协作工作模式的实践研究"为主线，在康复训练课程实施、评估工具开发、家校社协同及信息化平台建设等领域开展系统性实践，成果如下。

（1）课程体系构建：落实感知觉、运动、语言沟通等康复训练模块，形成符合课标的校本化课程；

（2）跨学科路径创新：整合多学科资源，探索康复训练与学科教学的深度融合；

（3）信息化技术应用：研发康复训练评估分析系统、数字化教学资源库；

（4）协同机制优化：搭建家校社联动的信息化支持平台，提升服务效能。

本书立足政策导向与实践需求，根据团队研究成果，系统阐述康复训练课程的理论框架、评量工具开发、实施路径及信息化应用，并附作者团队研发的《康复训练评估手册》，旨在为特殊教育工作者提供兼具科学性与操作性的参考，助力培智学生康复训练的高质量发展。

蔡晓莉

2024 年 10 月 8 日

目　　录

第一章 康复训练课程概论

　　随着特殊教育的发展，当前培智学校所接收的学生的障碍程度越来越高、类型增多且多重障碍儿童的占比越来越大。满足特殊儿童的康复需要成为培智学校教育教学目标和计划的重要组成部分。2007 年，教育部颁布的《培智学校义务教育课程设置实验方案》（简称《方案》）明确要求，将教育与康复相结合，并提出培智学校应增设康复训练课程。康复训练课程的设置推动着培智学校进行课程体系的重建，能够有效提高特殊儿童的身心发展水平和教师的教学水平。2014 年，国务院办公厅颁布的《特殊教育提升计划（2014—2016 年)》明确提出，特殊教育现阶段的重点任务之一就是提升特殊教育教学质量，并提出要在教学过程中开展"医教结合"，从而提升残疾学生的康复水平和知识接受能力。2016 年，教育部颁布的《培智学校义务教育课程标准》（简称《课程标准》）再一次提出"教育与康复相结合"是学校课程设置的基本原则之一。一系列政策与文件从国家层面上对特殊学校康复训练做出了规划和要求，使得我国特殊教育的课程设置在现阶段迈上了一个新的台阶。[①]

　　康复训练课程作为培智学校课程设置的选择性课程之一，其在促进特殊儿童身心发展的过程中起着重要的作用。因此，探讨培智学校康复训练课程的实施情况是十分必要的。

---

① 冉平. 康复训练融入培智学校学科教学的行动研究[D]. 重庆：西南大学，2021.

第一节　相关概念解析

一、康复训练

（一）康复

"康复"一词，源于英文"rehabilitation"，是指"复原""恢复原来良好的状态"，即重新获得能力以适应社会生活。[①]"康复"是一个演变的概念，自 20 世纪 40 年代至 20 世纪中期，人们把残疾看作是人的缺陷，倾向于将残疾人当作福利、卫生和慈善计划的对象。受此观念的影响，当时对"康复"这一概念的界定从医学模式出发，关注个体缺陷的补偿。1969 年，世界卫生组织（WHO）医疗康复专家将其界定为"为综合地、协调地应用医学的、社会的、教育的和职业的措施，对患者进行训练和再训练，使其活动能力达到尽可能高的水平"。对于这一时期的特殊教育学校来说，"康复"是指运用以医学为主的、教育为辅的措施，对残疾学生进行生理和心理方面的训练，使学生身体和心智上的功能得到恢复。[②]

随着人权运动、去机构化运动的兴起，人们开始从社会环境的角度来认识残疾问题，认为残疾人之所以在生活中遇到各种各样的困难不是由残疾导致的，而是不健康的社会态度与政策造成社会对于残疾人的隔离和排斥。受此观念的影响，此时学者们对于"康复"概念的界定从社会模式出发，关注如何改变社会环境让残疾人重返社会。1981 年，世界卫生组织医疗康复专家委员会对"康复"进行了重新界定，即"应用各种有用的措施以减轻残疾的影响和残疾人融入社会"，认为康复不仅指训练残疾人使其适应周围的环境，而且也指调整残疾人周围的环境和社会条件以利于他们重返社会。以此为基础，学者们将康复划为医疗康复、教育康复、职业康

[①]何侃. 特殊儿童康复概论[M]. 南京：南京师范大学出版社，2014.
[②]黄建行，雷江华. 特殊教育学校学生康复与训练[M]. 北京：北京大学出版社，2014.

复和社会康复四个领域，实现四个领域的康复被称为全面康复。[①]

随着社会模式的残疾观的盛行，特殊教育学校作为社会的一个子系统，其对学生的康复观也在发生变化。2016 年，教育部颁布的《课程标准》将"康复"定义为综合、协调地应用各种措施，对功能障碍者提供一系列基础训练、专业技术和环境支持的服务，使其达到和维持身心最佳的功能状态。

本书中的康复主要指综合、协调地应用各种教育措施，结合中重度障碍学生的身心需求，对其进行全面康复，充分发挥其身心能力，并通过改造环境使其能够充分参与社会生活的各个方面。

（二）康复训练

康复训练是促进特殊儿童身心发展的最主要方式之一，是指为提高特殊儿童社会生活能力，防止和减缓其障碍程度加重所进行的感知能力、认知能力、运动能力、语言交往能力、生活自理能力和社会适应能力等多种训练。《课程标准》明确提出，康复训练的主要目的是促进特殊儿童身心得到发展，各方面能力得到提高，学生的各种障碍功能得到改善，各方面潜在能力得到开发。

具体来说，对轻度智力障碍儿童而言，通过系统的、科学的康复训练和特殊教育康复等可以尽可能使其恢复正常生活的能力，养成良好的行为习惯和社会公德，具备初步阅读、基本表达和计算的能力，努力使他们适应社会生活。对中度智力障碍儿童而言，通过系统的、科学的康复训练可以帮助其恢复部分功能，使其生活部分自理，能做简单的家务劳动，具有初步的卫生和安全常识，能以简单的方式与人交往。对于重度和极重度的智力障碍儿童而言，进行康复训练主要是为了尽可能维持其现有的身体功能，给其家庭照顾者提供一个喘息与减压的机会。本书主要集中探讨培智学校中重度智力障碍儿童的康复实施。

---

①朴永馨. 特殊教育辞典［M］. 北京：华夏出版社，2006.

二、康复训练课程

康复训练课程作为培智学校义务教育阶段开设的一门选择性课程，对促进学生能力提升和身心健康发展起着重要的作用。《课程标准》对康复训练课程提出了相关的定义，即康复训练课程以教育与康复相结合为原则，依据学生身心发展规律及康复需求，通过训练的方式，满足不同学生的康复需求。课程注重功能改善与潜能开发，体现基础性、发展性、功能性、综合性、实践性的特点。

培智学校的康复训练课程有广义和狭义之分。广义的康复训练课程指的是培智学校根据培养目标及学生需求，要求管理者和教师将康复训练和课程体系融为一体，有目的、有计划地选择教育内容及其教学活动，保证其课程内容能够使特殊儿童的身心得到全面康复。狭义的康复训练课程指的是培智学校为特殊儿童专门设置的一门康复训练课程，包括认知训练、言语训练、肢体功能训练等。[①] 本书探讨的是狭义的康复训练课程，即培智学校康复训练课程实施的相关研究。

三、康复训练课程实施

当前，关于康复训练课程实施还没有相对统一的认识，许多学者从不同的角度对课程实施的内涵和外延进行了阐释。总的来说有两种比较流行的观点：一种观点认为课程实施是将方案付诸实践的过程，另一种观点认为课程实施就是教学。尽管没有定论，但学界将课程实施这一概念视作一个发展性的概念，它随着社会发展、教学技术进步而不断发展。

结合专家学者的观点，本书中的课程实施指的是学校根据自身特点将课程方案付诸实践的过程，其中教学是课程实施的重要环节。课程实施的关键要素分别是教学目标、教学内容、教学方法、教学评价。

四、康复训练课程评估

课程评估（curriculum evaluation）是指用科学工具确认和解释教与学

---

①葛学萍. 全面康复理念下培智学校课程体系的建构——以青岛市城阳区特殊教育中心为例[J]. 现代特殊教育，2017(5)：42-44.

的效果，衡量其内容和方法有效程度的过程。课程评估为课程改革提供有效信息，主要包括两个方面：一是对教育过程计划与组织的判断，二是对学生学习成果的判断。具体评估对象包括教育目标、整个课程、具体学科和教学用书。评估方法分为传统方法与阐释性评价两种。传统方法一般分为初步评价、形成性评价、终结性评价、长期性评价四个步骤。阐释性评价一般指向四个方面：（1）课程实施现状；（2）环境影响；（3）实施者对课程的意见；（4）学生的意见。课程评估不仅包括对教学内容、教学方法、教材、教学效果、教学活动等多方面的评估，还包括学生对学习的反思。

康复训练评估是由康复医师、物理治疗师、职业治疗师和言语治疗师等专业人员共同参与，根据患者的病情、身体状况和康复需求进行综合评估，确定其康复训练的需求和目标，制订个性化的康复训练计划，以提高患者的身体功能和生活质量。

结合康复训练评估与课程评估的概念，本书对康复训练课程评估进行了概念界定。康复训练课程评估指的是基于《课程标准》，由多方人员（教师、专业人员、家长等）参与，根据学生的身心发展特点，运用相应的评估工具，采用多样性的评价方式，对学生各项能力水平进行评估，以指导教学的设计与调整，促进学生能力提升。

第二节　康复训练课程的相关研究

康复训练课程是特殊教育的重要组成部分。在全面康复理念的指导下，培智学校根据智障儿童的身心发展特点，不断地对培智学校康复课程实施的相关问题进行了探索。2003 年，教育部正式开始进行培智学校课程改革工作，各个地方的培智学校陆续开始进行新康复课程实施研究。《方案》里也提出了教育与康复相结合的原则，要求培智学校针对康复课程设置进行研究与完善。《课程标准》提出将康复训练课程作为选择性课程来开设，自那以后，有关康复训练课程的研究就多了起来。通过梳理相关政策和文献，本书对有关康复训练课程的相关研究进行综述，主要从课程目标、课程内容、课程实施以及课程评估这四方面来进行分析。

一、康复训练课程目标

《课程标准》指出康复训练课程的课程目标包括总、分两个部分。总目标是通过康复训练，让学生在感知觉、动作、情绪与行为、沟通与交往等领域的功能障碍得到改善，注意、言语、思维、记忆、情绪等方面的发展水平得到提升，潜能得到开发，为适应生活和学习及终身的发展奠定基础。课程目标分为动作训练、情绪与行为训练、感知觉训练、沟通与交往训练四大模块。结合学生具体情况，李晓敏将培智学校康复课程目标分为四个层面：第一个层面主要是针对大部分学生而言的，是对他们进行认知、心理等方面能力的训练；第二个层面是对有运动功能障碍和言语功能障碍的学生运功、语言等方面的训练；第三个层面是对发展程度较好、学习接受能力较强的学生提供劳动技能和职业技能训练；第四个层面是对即将离开培智学校、独立步入社会的学生进行的社会交往训练，帮助他们能够更好、更快地融入社会生活。[①]冯丹阳对培智学校康复训练课程目标进行研究，认为康复训练课程目标就是通过设计一些康复训练活动，提高其运动能力、认知能力、沟通与交往能力等的水平。[②]也有研究者针对具体康复领域提出了细分的目标，如张苗把作业康复校本课程的总目标的确定为"使学生在作业活动中，获得动作技能，提高动作控制能力；并通过操作与日常生活活动有关的作业材料，提高生活技能，改善生活质量；同时扩大认知范围，掌握动作规则和社会规则；并让学生在表达或产生作品的过程中，增强自信心，展示创造力，体验成就感和乐趣，实现自我价值，

---

① 李晓敏. 培智学校康复系列课程的设置与实施[J]. 现代特殊教育，2020(15)：68-70.
② 冯丹阳. 培智学校一般性课程教育康复训练现状研究——以某培智学校为例[D]. 大连：辽宁师范大学，2017.

从而更好地适应社会"①。总体上来看，提高身体动作能力、认知能力、沟通与交往能力是康复训练课程试图达成的主要目标。

二、康复训练课程内容

通过查阅相关文献，笔者认为，特殊儿童的康复训练课程内容主要涉及运动功能、认知水平、语言水平以及情绪与行为等这几个方面。邓淑敏对普通学校开设特教班的康复训练课程进行研究，发现特殊儿童的康复训练课程应关注学生的个别化发展，根据特殊儿童的实际发展水平，设置康复训练课程，具体康复训练课程内容主要有认知训练、言语训练、心理训练等。② 陈军等人对学前特殊儿童的康复训练课程的实施进行研究，研究重点强调医教结合的理念，在实施过程中将物理治疗和运动治疗相整合，以游戏的形式对特殊儿童的运动能力、智力进行训练。③ 李宁等人运用物理治疗、作业疗法和言语治疗等的康复训练方法，让智力障碍学生运用画点、连线、涂鸦、按压、揉捏等绘画手工活动来改善功能障碍，开发潜能，提升心理健康水平，提高社会适应能力。④ 但是学生的障碍程度、障碍类型以及年龄差异决定了康复训练课程内容的多样性，对于康复训练课程内容的制定提出了一定的挑战。例如，刘雅辰通过研究我国学龄前残疾儿童的运动康复训练，提出儿童的身心发展存在差异，导致不同的儿童具有不同的康复需求，因此单一的康复训练课程已无法满足现状，这大大阻碍了特殊教育的发展，也导致了很难完善特殊儿童的康复训练课程体系。⑤ 因此，残疾儿童康复训练课程的发展涉及多个方面的内容，教师或康复治

---

① 张苗. 培智学校作业康复校本课程的初步开发[D]. 上海：华东师范大学，2015.

② 邓淑敏. 普通学校特教班课程设置与实施探究[J]. 现代特殊教育，2017(13)：40-42.

③ 陈军，闫洁，康玉江，等. 学前特殊儿童运动康复课程实践研究[J]. 现代特殊教育，2017(1)：39-41.

④ 李宁，刘静静. 智障儿童绘画手工艺术康复课程开发与实践[J]. 绥化学院学报，2018，38(7)：74-78.

⑤ 刘雅辰. 学龄前残疾儿童运动康复的研究现状与展望[J]. 当代体育科技，2020，10(3)：200-201.

疗师应当从多个角度出发，明确康复训练课程目标，合理设计出具有系统性的、针对性的康复训练课程内容。

三、康复训练课程实施

（一）康复训练课程实施原则

多位学者对康复课程实施的注意事项和原则进行过研究，例如舒川通过对学龄前特殊儿童运动康复训练课程进行研究，提出了课前、课中要遵守的原则：教师在课前应全面了解每一位学生的情况，并做好备课工作；在课程实施过程中应该遵循全面性、个别化、调适性、直观性、安全性、扬优补缺、循序渐进等七个原则。[①] 李晓敏认为培智学校康复训练课程在实施时应遵循个性化原则、多元化原则、短板优先原则以及实现最大可能原则等。[②] 总之，个性化、循序渐进、最大程度促进发展是学界普遍认同的原则。

（二）康复训练课程实施方法

多位学者从不同角度对如何实施康复训练课程的方法进行过探讨。吴皙通过对中重度智力障碍学生的心理健康课程进行研究，发现通过康复训练能够弥补中重度学生的生理缺陷，达到"康复"标准后，其心理健康水平也会有所提高；康复训练课程实施方式主要包括讲授式、创设活动式、诱导式和师生对话式；在进行康复训练课程讲授时教师需要根据具体情况，有针对性地选择适合学生发展的方式，以弥补学生的生理缺陷，进而促进学生的心理健康水平。[③] 冯丹阳提出应重视游戏法的使用。他认为通过游戏训练，学生能够提高学习积极性；通过游戏活动，能够提高学生的认知能力、语言能力和沟通交往能力等。[④] 马源对培智学校康复训练课程

---

①舒川. 全人发展视野下学龄前残疾儿童运动康复课程理论与实践[J]. 体育科学，2018，38(2)：32.

②李晓敏. 培智学校康复系列课程的设置与实施[J]. 现代特殊教育，2020(15)：68-70.

③吴皙. 中重度智障儿童的心理健康教育课程的实践研究[D]. 南京：南京师范大学，2019.

④冯丹阳. 培智学校一般性课程教育康复训练现状研究[D]. 大连：辽宁师范大学，2017.

实施的具体情况进行研究，发现在康复训练课程实施过程中，不应只运用一种训练方法，应结合多种方法促进儿童的发展。[①]

（三）康复训练课程实施途径

如同其他课程一样，康复训练课程也可以采用多种途径来实施。葛学萍提到课程实施主要有集体训练、走班、小组训练和个训四种教学组织形式，针对不同年级以及不同障碍的学生采取不同的实施形式。[②]冯丹阳认为，培智学校在康复训练课程实施过程中要考虑结合现代信息技术手段。他认为，现代信息手段的使用能够有效地提升教育康复训练目标的完成度。[③]刘劲等人研究康复训练课程在培智学校的定位与运作。该研究表明，康复课程的发展前景是跨学科整合。目前，我国的康复训练课程正处在由多专业向少专业转变的阶段，这也要求康复训练教师将不同专业之间的知识和技能进行整合，形成跨专业整合的康复训练课程实施途径。[④]

（四）研究启示

目前，康复训练及其课程得到了较高程度的认可。国家通过出台相关政策为康复训练课程提供制度保障，学者们也纷纷迎合政策与康复理念，开展康复训练课程的实践与研究。在现有的研究中，学者们对各学科标准的解读，对培智学校课程构建提出的建议，对康复训练课程的开展、康复训练课程与部分学科的融合等的看法均对笔者深入研究培智学校落实康复训练课程目标，满足中重度智力障碍学生日益增加的康复训练需要，开展何种形式的康复训练更能满足学生的需要具有深远的启发意义。另外，学者们就各类特殊儿童康复训练的领域、技巧及模式展开了研究，并从个案的角度论证了康复训练对特殊儿童生活与学习的重要性。这也足以说明，对特殊儿童开展针对性的康复训练是必要的，也正是因为这种需要具有普

①马源. 培智学校做好康复训练的探索[J]. 甘肃教育，2019(21)：46.

②葛学萍. 全面康复理念下培智学校课程体系的建构——以青岛市城阳区特殊教育中心为例[J]. 现代特殊教育，2017(5)：42-44.

③冯丹阳. 培智学校一般性课程教育康复训练现状研究[D]. 大连：辽宁师范大学，2017.

④刘劲，唐颖. 启智学校康复课程的定位与运作[J]. 现代特殊教育，2015(21)：14-16.

遍性，康复训练课程的开设与实施才具备现实条件。

然而从康复训练课程研究的现状来看，多数研究集中于教学内容、教学方法、教学评价等方面。且诸多研究均显示，学校康复训练课程在实施的过程中面临着教学内容不明确、教学方法单一、缺乏教学实践平台，教师对学生教育教学目标定位不准确、教学方法不恰当、教学评价不及时，康复训练课程开设不足、缺乏康复资源整合等问题。

从研究的多样性来看，大多数研究着力于某一类型特殊儿童（如脑瘫儿童、孤独症儿童或者智力障碍儿童）来展开研究，忽视了培智学校班级中障碍类型多样的现状。同时大多数研究主要围绕着某一类康复训练课程，如围绕语训课、运动康复课、感统课等展开现状调查，较少从宏观层面进行论述，缺乏对康复训练课程体系的整体研究，不利于建立系统、科学的课程体系。

在康复训练评估的研究中，医疗卫生部门及机构应用《国际功能，残疾和健康分类》（ICF）对儿童某种障碍的整体功能特点进行分析，制订个别化的康复方案，实施适应性和支持性训练并评估。目前，特殊教育学校康复训练课程目标缺少三级以下更细致的标准，课程没有统一的教材，老师需要自己选择训练内容，很难准确把握教学内容和评估标准，对家庭资源和环境支持的利用不足。

笔者在现有研究基础上，将现有的国家课程标准细化，对康复目标如何在学校、家庭及社区落实进行课程实践和总结，并将现有的康复训练课程系统化，完善康复训练课程的目标评价体系，希望能为培智学校搭建起科学、高效的康复训练课程实践体系，为特殊教育学校的康复训练课程实施提供可供借鉴的经验。

四、康复训练课程评估

笔者通过收集整理文献发现，目前康复训练课程的评估方式主要基于《课程标准》、ICF 及儿童发展规律。笔者也从这三方面入手对相关文献进行梳理，从中汲取可借鉴的经验和做法。

（一）基于《课程标准》的康复训练课程评估

国内特殊教育学校的康复训练课程主要会以康复训练与一般性课程相融合的形式开展，在进行课程评估时以课程目标为依据，恰当运用多种方式。

为了满足培智学校学生教育与康复的双重需求，张艳等进行了实践探索，并提出培智学校可将学科教学与康复训练相融合，通过学科教学目标与康复目标的融合、学科教学内容与康复训练内容的融合等路径，有效落实"教康结合"理念，促进培智学校学生的功能康复和补偿。[1]

谢正立等在《课程标准》背景下对培智学校课程本位评估进行了探讨，提出开展课程本位评估要关注学生的多样性、施测情景性和方法多元性等特点，且应与培智学校的现实需求相契合。[2] 课程本位评估的应用要与个别化教育（IEP）目标的确定、差异化教学的实施以及学校支持服务的提供相结合，其设计应遵循信息来源多样性、无歧视性和逻辑层次性的原则。同时，培智学校对《课程标准》的实施也同样需要课程本位评估。

沟通与交往是康复训练课程目标与内容的一部分。万莉莉立足《课程标准》，开发了培智学校沟通与交往训练课程，并考察其实施成效。她按照"设计课程—编写用书—选择学生—实施课程—评价课程—反思完善"的过程进行开发；坚持质性评价和量化评价相结合的原则，由语言康复教师采用多种方法，评价训练效果（即课程实施效果）。[3] 万莉莉在沟通与交往训练课程评价中立足《课程标准》，采用语言评量手册等多种方法，对笔者有一定的启发。

以上基于《课程标准》的康复训练课程评估的探索能为相关研究者提

---

[1]张艳，张茹. 培智学校学科教学与康复训练融合的实践探索[J]. 现代特殊教育，2022（1）：39-41.

[2]谢正立，邓猛. 新课标背景下培智学校课程本位评估的几点思考[J]. 现代特殊教育，2017（18）：40-45.

[3]万莉莉. 基于新课标的培智学校沟通与交往训练课程开发实践研究[J]. 绥化学院学报，2020，40（7）：65-69.

供参考，但是缺少细致、准确的目标定位方法。帮助一线教师解决这样的问题，正是笔者力图探索与实践的。

（二）基于 ICF 的康复训练课程评估

2001 年世界卫生组织（WHO）发布 ICF，提出生物－心理－社会的功能、残疾和健康模式[①]，为构建残疾标准提供了理论架构、系统性方法，也为建立残疾调查问卷、方案、残疾评估工具和评估方案提供了系统性的方法和工具。随后，WHO 发布《国际功能、残疾和健康分类（儿童青少年版）》（ICF-CY），当前已有很多基于 ICF-CY 的儿童功能评估工具，其中 ICF-CY 评估量表和核心分类组合应用最为广泛。

日本独立行政法人国立特别支援教育综合研究所编写的《ICF 于特殊教育中的活用．part3：为了充分因应学习的需求》一书，详细地阐述了 ICF 及 ICF-CY 在特殊教育学校中运用于个别化服务计划和个别化教育计划及在人生不同阶段的运用，包括学前教育、融合教育、转衔及身心障碍学生职场就业前的准备等。《活用 ICF 及 ICF-CY 从尝试到实践——以特殊教育为中心》这本书介绍了早期疗育及特殊教育如何实践 ICF 及 ICF-CY 的理念。其中，用 ICF 架构图制作程序、ICF-CY 电子化工具、ICF-CY 检核表及其实际活用案例，在特殊教育学校如何运用等，为笔者研究康复课程的设计、评量提供了丰富的参考。

也有学者基于 ICF-CY 分析并构建儿童沟通障碍功能诊断标准，提出了诊断与评定沟通功能障碍，将 ICF-CY 作为用于评估儿童沟通功能的工具。赵航等基于 ICF-CY，开发了用于评定日常生活中儿童沟通功能的量表，为康复训练课程中沟通交往方面的评估提供了更多选择，但对一线教师来说，实践上有一定困难。杨亚茹应用 ICF 对智力残疾儿童的运动功能特点进行分析，并参照《义务教育体育与健康课程标准（2022 年版）》构建了适用于智力残疾儿童运动功能和运动能力发展要求的、功能定向的适

[①]Word Health Organization. International classification of functioning，disability and health：ICF［R］. Geneva：World Health Organization，2001.

应性体育课程体系。[1]

孤独症和脑瘫儿童是特殊教育学校比较典型的障碍类型群体，学者们基于 ICF-CY 对这两种类型儿童的康复训练所做的研究，值得我们学习和借鉴。针对孤独症儿童，宋贝贝基于 ICF-CY 的理论与方法，对孤独症儿童参与身体活动的功能、效果的文献进行了系统综述，探索了有益于孤独症儿童的身体活动类型，建立了孤独症儿童身体活动的范畴和结构。这些活动涉及体适能类、技能类和运动项目类，分别包括体育活动、娱乐和休闲活动、运动训练、学校体育课程和康复训练等。[2] 王娇艳运用 ICF-CY 分类体系分析孤独症儿童 A 的康复情况，并与孤独症儿童 B 进行对照，并建议根据 ICF-CY 分类体系统筹孤独症儿童康复计划的制订与实施，促进团队合作，构建有利的支持性环境。[3] 王勇丽基于核心分类，构建了学前脑瘫综合康复模式，以期为脑瘫康复提供理论和实践的指导，提高学前脑瘫儿童整体生存质量。[4] 徐学翠基于 ICF-CY 框架，探讨了游戏疗法联合综合康复训练对脑瘫患儿的疗效，并指出在 ICF-CY 框架下游戏疗法联合康复训练的治疗模式对脑瘫儿童具有较好的疗效，能够改善脑瘫患儿各项功能，促进其全面康复。[5]

综上所述，在特殊儿童康复训练中 ICF 被广泛地应用，这些研究为笔者采取科学的综合康复手段、落实康复课程评估和实施提供了宝贵的经验。

（三）基于儿童发展规律的评估

儿童发展是教育学和心理学领域中重要的实践话题。儿童发展需要科

①杨亚茹，郝传萍. 基于 ICF 构建智力残疾儿童适应性体育课程体系[J]. 中国康复理论与实践，2022，28（6）：659-669.

②宋贝贝，王筠婷，王冬明，等. 基于 ICF-CY 孤独症儿童青少年参与身体活动功能效果的系统综述[J]. 中国康复理论与实践，2022，28（11）：1309-1317.

③王娇艳，黎梅娇，肖源. ICF-CY 分类体系在孤独症儿童康复中的应用[J]. 医学与社会，2020，33（5）：120-124.

④王勇丽. 基于 ICF-CY 的学前脑瘫儿童综合康复模式的构建[D]. 上海：华东师范大学，2018.

⑤徐学翠，余艳，李司南，等. 基于 ICF-CY 框架下游戏疗法联合康复训练对脑瘫患儿的疗效观察[J]. 实用临床医药杂志，2022，26（11）：34.

学的、具有鲜明文化特质的理论指导。在研究培智学校康复训练课程的评估时有必要深刻地认识儿童发展规律。

教育部颁布的《3～6岁儿童学习与发展指南》（简称《指南》）从健康、语言、社会科学、艺术等五个领域描述了幼儿学习与发展，分别对3～4岁、4～5岁、5～6岁三个年龄段末期幼儿大致可以达到什么发展水平提出了合理期望。同时，针对当前学前教育普遍存在的困惑和误区，为广大家长和幼儿园教师提供了具体、可操作的指导、建议。《〈3～6岁儿童学习与发展指南〉案例式解读》这本书依照《指南》的5个领域、11个方面、32个学习与发展目标进行了解读每个目标下有4个栏目：国际视野、案例及评析、误区点拨、教育名家链接。其中"案例及评析"是该书的主体部分。通过呈现幼儿园教师实践中那些需要回应的现实问题和鲜活典型的案例，为一线幼儿园教师提供发现问题、分析问题和解决问题的具体场景，让一线幼儿园教师结合案例解读，把先进的教育理念和科学的教育方法切实落实到幼儿园保教工作的各个环节。[①]

朱旭东在《加强对中国儿童发展规律及其教育的研究》一文中提出，中国儿童发展存在一些片面认识，出现了诸多错误的教育观念、主张和行为，分析了学术界如何基于中国文化背景加强对中国儿童发展规律及其教育的研究，全面贯彻落实新时代党的教育方针。[②]

虽然在培智教育康复训练课程评估中没有把普通儿童的发展规律直接作为课程评估标准，但是智力障碍儿童的身心发展具有和普通儿童相似的整体特征。因此，培智教育康复训练课程评估需要参考普通儿童发展规律。

（四）评估工具的选择

在选择康复训练课程的评估工具时，一些学校会选用《课程标准》；一些学校选用《双溪心智障碍儿童发展课程》；一些学校选用《特殊儿童

[①]管旅华.《3～6岁儿童学习与发展指南》案例式解读[M].上海.华东师范大学出版社，2013.

[②]朱旭东.加强对中国儿童发展规律及其教育的研究[J].人民教育，2019(23)：30-34.

感知能力评估指导手册》；一些学校会选择其他评估工具，例如《全人疗育评估记录表》。

孙颖等基于《课程标准》，出版了《培智学校康复训练评估与教学》一书，以学生需求、教育评估、教学活动设计为基本框架，明确《课程标准》中动作、感知觉、沟通与交往、情绪与行为四个康复训练模块的初筛标准、教学评估标准以及标准达成过程中的主要流程和需关注的关键问题，以改善学生的身心功能状态，提高其生活质量。

周培丽发现，对孤独症儿童的康复训练往往偏重认知能力而轻视情绪能力与社会能力。关于孤独症儿童的诊断、评估标准主要来自国外各标准的引进与修订，缺乏对孤独症儿童情绪能力的评估工具。于是她通过对孤独症儿童长期的临床观察和研究，在整理前人对孤独症儿童情绪能力方面诊断、评估的研究结果的基础上，编制出适用于孤独症儿童的《孤独症儿童情绪能力发展评估问卷》，提高了对孤独症儿童情绪能力诊断、评估的准确性和可靠性。

（五）研究启示

基于以上研究，笔者认为要先解决在实施康复训练课程前的精准评估问题，具体如下。

1. 学生康复需求难以得到满足

培智学校的学生是高度异质且多样化的群体，除智力障碍外，多伴有运动、感知觉、沟通与交往、情绪与行为等障碍，其个体间差异及个体内差异较为显著。教育与康复有机结合，才能补偿学生身心缺陷，满足其学习与发展的需求，但康复训练课程作为选修课程，部分学校未开设或只有少量课时，无法满足学生的实际需求。

动作、感知觉、沟通与交往、情绪与行为等方面的训练需要与实际生活情境相结合，但目前学校、家庭、社区的专业支持和自然支持缺乏相应的整合，未能充分利用三方教育资源来更科学、合理、有效地实施康复训练，提升学生生活质量。

2. 康复训练课程标准不具体

笔者所在学校在落实"培智课标"的过程中，面临目标太大，不够具体的现实问题。因此，笔者根据《课程标准》开发康复训练课程的目标评估系统，让康复训练课程的目标更具体细化，对教学具有更直接的指导意义。

3. 康复训练课程学科整合困难

康复训练课程学科整合存在以下困难。

（1）在当前培智学校的教学实践中，康复训练课程缺乏康复背景的专业康复人员。

（2）在课程规划中未设置康复训练课（属于选择性课程）。如何在学科教学中落实康复训练目标，是教师们在教研中多次探讨的问题。

（3）康复训练课程的实施是比较零散的，缺乏系统性。

总的来说，培智学校康复训练课程缺乏评估体系。《课程标准》虽然对培智学校的康复训练课程目标做出了明确的规定，但是老师们在具体的教学实践过程中对学生康复训练目标难以准确定位，对目标的达成难以进行具体的评量。

因此，笔者在教学研究过程中尝试根据《课程标准》的康复训练课程目标自编了"动作训练"的评估指标，以更直接地为培智学校的康复训练课程教学设计及教学效果提供依据。经过一个学期的实践，笔者看到细化的评估指标的确可以帮助老师们更好地落实康复训练课程中的动作训练，因此期望通过进一步的系统的行动研究，开发培智学校的康复训练课程的评估系统，构建培智学校的康复训练课程的目标和课程内容。

第二章 康复训练课程评量工具的解决方案

　　课程评估是课程实施的基础。为构建系统的康复训练课程评估，笔者根据《课程标准》细化康复训练课程目标，形成了《培智教育康复课程评估手册》。

　　依托于武侯区特殊教育资源中心管理平台，作者团队所在课题组开发完成了"培智教育康复课程评估系统1.0""培智学校课程标准评量统计分析系统V1.0"，以期帮助教师们做数据分析，为教师的教学设计提供依据。

　　信息化的运算工具实现了单个学生数据的可视化，可形成评估曲线图，方便对比前后评估的数据变化；实现了对全部学生的数据的分析、筛选、分类功能，帮助老师快速筛选出集体的、小组的、个别的康复训练目标。

第一节　康复训练课程评估工具的研制

　　《课程标准》是一个学生掌握课程技能的三级指标体系，一级指标含动作训练、感知觉训练、沟通与交往训练、情绪与行为训练四大领域，每个一级指标逐次细分出相应的二级指标、三级指标。它可以作为评估表，也可以作为教学活动设计时的参考。

　　但由于《课程标准》中提到的目标较宽泛，不具体，教师在课程实施过程中难以准确定位，因此需要构建细致的下位指标体系。

一、细化康复训练课程评估指标

（一）确认指标层级

　　由上级指标分出相应的下级目标的基本方法为：参阅相关的研究成

果，根据上级指标自身的内涵和外延进行分解等。

笔者参照既有研究成果及考虑实际使用情况，设计了四个层级的指标体系，即在《课程标准》原有三级指标（表1）的基础上，增加一级下位指标。

表1 康复训练课程标准三级目标

1. 动作训练
1.1 姿势控制
1.1.1 坐位、立位下能维持头颈部直立
1.1.2 在地面或座椅上能维持坐位
1.1.3 俯趴、爬、跪坐或立位下能维持手部支撑
1.1.4 能维持双膝或单膝跪位
1.1.5 能维持立位
1.1.6 能维持蹲位

（二）排序下位指标

与上一位指标对应的下位指标条目应该有两项及两项以上，它们之间按照一定顺序呈现，常见的排序方式有：（1）并列式排列，如《课程标准》中一级指标"感知觉训练"领域中，下位指标相对应的"视觉""听觉""嗅觉"等二级指标之间即为并列关系；（2）难易程度递进排列，例如二级指标"平衡与协调"中，下位指标相对应的"能在仰卧位进行活动""能在跪立位进行活动"之间为难易递进式排列。

笔者新增的四级指标则是按照并列式与难易递进式相结合的方式排列的。

（三）细化指标内容

笔者将评估指标内容基于《课程标准》和动作训练、感知觉训练、言语沟通训练、情绪与行为训练四大领域，通过成果参阅、层级确认、排列方式确认，从三级指标细化出四级指标（表2），解决了康复训练课程要评什么的问题。

表 2　细化后动作训练领域四级指标（部分）

1. 动作训练	
1.1 姿势控制	
1.1.1 坐位、立位下能维持头颈部直立	1.1.1.1 坐位下能维持头颈部直立
	1.1.1.2 立位下能维持头颈部直立
1.1.2 在地面或座椅上能维持坐位	1.1.2.1 座椅上能维持坐位
	1.1.2.2 在地面能维持坐位
1.1.3 俯趴、爬、跪坐或立位下能维持手部支撑	1.1.3.1 俯趴下能维持手部支撑
	1.1.3.2 爬行下能维持手部支撑
	1.1.3.3 跪坐下能维持手部支撑
	1.1.3.4 立位下能维持手部支撑
1.1.4 能维持双膝或单膝跪位	1.1.4.1 能维持双膝跪位
	1.1.4.2 能维持单膝跪位
1.1.5 能维持立位	1.1.5.1 能维持立位
1.1.6 能维持蹲位	1.1.6.1 能维持蹲位

（四）修订指标内容

1. 基于《课程标准》的指标修订

笔者通过"问卷设计并选择专家征询对象—准备并寄发专家意见征询表—回收并统计分析专家意见—修改并寄发下一轮专家意见征询表—回收分析并最终确立评估指标体系"的过程实施了两轮德尔菲法，最终确立由 4 个一级维度、22 个二级指标、93 个三级指标、273 个四级指标构成的康复训练课程评估体系。

部分指标的认同度均值在 4.15～4.92，标准差在 0.36～1.29，变异系数在 0.09～0.31，满分率在 53.85%～84.62%。基于文献分析中德尔菲法共识度的标准，结合研究实际，笔者将满分率 50%、变异系数 0.3 视为专家对指标入选达成共识的临界值，将满分率不低于 50% 且变异系数小于 0.3 的指标予以保留。康复训练课程评估体系各级指标的统计分析结果示例见表 3。

表3 康复训练课程评估体系四级指标统计分析结果（第一轮）（动作训练）

二级指标	三级指标	四级指标	满分率	平均值	标准差	变异系数
1. 手部动作	1.1 能伸手朝向要取的物品	1.1.1 能伸手朝向面前50厘米范围内的要取的物品	76.92%	4.77	0.42	0.09
		1.1.2 能伸手朝向面前1米范围内的要取的物品	76.92%	4.77	0.42	0.09
		1.1.3 能伸手朝向面前1米外的要取的物品	69.23%	4.69	0.46	0.10
	1.2 能完成指点、抓握、摆放、敲击、按压、揭开、扭转动作基本动作	1.2.1 完成指点动作	53.85%	4.46	0.63	0.14
		1.2.2 完成抓握动作	61.54%	4.54	0.63	0.14
		1.2.3 完成摆放动作	84.62%	4.69	0.72	0.15
		1.2.4 完成敲击动作	53.85%	4.54	0.50	0.11
		1.2.5 完成按压动作	69.23%	4.69	0.46	0.10
		1.2.6 完成揭开动作	76.92%	4.69	0.61	0.13
		1.2.7 完成扭转动作	53.85%	4.46	0.63	0.14
	1.3 能完成双手配合动作	1.3.1 完成拍手动	84.62%	4.69	0.72	0.15
		1.3.2 完成双手捧的动作	53.85%	4.54	0.50	0.11
		1.3.3 完成传递物品动作	69.23%	4.69	0.46	0.10
2. 手眼协调	2.1 能完成叠积木的活动	2.1.1 能完成叠3个积木	69.23%	4.69	0.46	0.10
		2.1.2 能完成叠7个积木	61.54%	4.62	0.49	0.11
		2.1.3 能完成叠10个积木	84.62%	4.85	0.36	0.07
	2.2 能完成串珠子的活动	2.2.1 能完成串1颗珠子	53.85%	4.46	0.63	0.14
		2.2.2 能完成串5颗珠子	53.85%	4.46	0.63	0.14
		2.2.3 能完成串10颗珠子	76.92%	4.77	0.42	0.09
	2.3 能完成插棒的活动	2.3.1 能把棒插入直径6厘米的孔中	76.92%	4.69	0.61	0.13
		2.3.2 能把棒插入直径1厘米的孔中	76.92%	4.69	0.61	0.13
		2.3.3 能把棒插入直径5毫米的孔中	61.54%	4.54	0.63	0.14
	2.4 能将拼图对准并放置在正确的位置	2.4.1 能将一块拼图对齐放入正确位置	53.85%	4.46	0.63	0.14
		2.4.2 能将两块拼图对齐放入正确位置	61.54%	4.15	1.29	0.31
		2.4.3 能将三块以上的拼图对齐放入正确位置	69.23%	4.62	0.62	0.14

二级指标	三级指标	四级指标	满分率	平均值	标准差	变异系数
3. 握笔写画	3.1. 能使用前三指握笔涂鸦	3.1.1 能使用前三指握直径1.2厘米的笔涂鸦	53.85%	4.15	1.23	0.30
		3.1.2 能使用前三指握直径0.8厘米以内的笔涂鸦	58.33%	4.58	0.49	0.11
	3.2 能在一定范围内涂色	3.2.1 能在直径10厘米的图形内涂色	69.23%	4.69	0.46	0.10
		3.2.2 能在直径7厘米的图形内涂色	61.54%	4.62	0.49	0.11
		3.2.3 能在直径3厘米的图形内涂色	69.23%	4.62	0.62	0.14
	3.3 能模仿画线条	3.3.1 能画"丨"	69.23%	4.54	0.84	0.19
		3.3.2 能画"一"	69.23%	4.69	0.46	0.10
		3.3.3 能画"o"	69.23%	4.69	0.46	0.10
		3.3.4 能画"～"	76.92%	4.69	0.61	0.13
4. 使用工具	4.1 能使用瓢或勺类舀（倒）物品	4.1.1. 能拿瓢或勺	61.54%	4.38	0.92	0.21
		4.1.2 能使用瓢或勺舀（倒）物品	53.85%	4.46	0.63	0.14
4. 使用工具	4.2 能使用粘贴工具类工具粘贴物品	4.2.1 能使用胶棒粘贴物品	84.62%	4.77	0.58	0.12
		4.2.2 能使用胶水粘贴物品	46.15%	4.46	1.24	0.11
		4.2.3 能使用双面胶粘贴物品	84.62%	4.85	0.36	0.07

康复训练课程评估体系四级指标的统计分析中，笔者按照筛选标准，对评估指标进行删减或者增加。在动作训练部分，没有需要删除的四级指标，但是专家建议增加部分指标；在三级指标"能伸手朝向要取的物品"中，增加一项下位四级指标"能伸手朝向面前50厘米范围内的要取的物品"。

2. 基于专家征询的康复训练课程评估指标修订

第二轮专家意见征询的内容针对第一轮征询结果中表意不清的指标进行了修订。在第二轮意见统计分析中，将满分率60%、变异系数0.2视为专家对指标入选达成共识的临界分值，将满分率不低于60%且变异系数小于0.2的指标予以保留。

还是以"动作训练"领域为例，在第一轮征询保留所有四级指标，并在增加部分四级指标的基础上，进行第二轮征询。在此基础上，最终形成较为完整的评估指标内容（表4）。

表4 动作训练评估内容（部分）

1. 动作训练	
1.1 姿势控制	
1.1.1 坐位、立位下能维持头颈部直立	1.1.1.1 坐位下能维持头颈部直立
	1.1.1.2 立位下能维持头颈部直立
1.1.2 在地面或座椅上能维持坐位	1.1.2.1 座椅上能维持坐位
	1.1.2.2 在地面能维持坐位
1.1.3 俯趴、爬、跪坐或立位下能维持手部支撑	1.1.3.1 俯趴下能维持手部支撑
	1.1.3.2 爬行下能维持手部支撑
	1.1.3.3 跪坐下能维持手部支撑
	1.1.3.4 立位下能维持手部支撑
1.1.4 能维持双膝或单膝跪位	1.1.4.1 能维持双膝跪位
	1.1.4.2 能维持单膝跪位
1.1.5 能维持立位	1.1.5.1 能维持立位
1.1.6 能维持蹲位	1.1.6.1 能维持蹲位

3. 基于康复训练课程评估的试用反馈与优化评估

笔者通过不同地区的试用反馈，以及对校内学生进行多次评估，在评估过程中发现问题，并对评估手册进行再次修改，在评估指令、内容、方式等方面进行优化。例如下列优化。

（1）评估实施中的语言指令问题（设计适合学生的语言指令，简单明了）中将"请看刘老师这边！"改为"看刘老师！"

（2）对内容有较大相关性的条款进行整合。例如将三级目标"能有与人沟通的动机"条目下5个四级目标的测评融为一个场景，在场景中观察评估结果。

（3）发出指令后，教师等待学生反应的时间如何设置的部分内容由初稿时间无限制改为规定时间。

（4）确定了评估系统在构建和实施中应遵循的原则：

①教师应熟悉评估内容及遵循评估手册规范；

②教师应注意区分评估与教学的界限，是评测而非教学；

③注意视频留存，以便在有争议时，能够回溯、查证。

第二节　康复训练课程评估工具的信息化

笔者对康复训练评估工具的信息化过程经历了原始记录统分、利用
Excel 记录统计、信息化三个阶段，并通过各地区的试用反馈不断优化信息
化工具。

一、设计评估记录表

笔者的评估标准为：按支持维度，将评估标准分为监督提示、示范与
说明、动作提示、全面协助四个维度。每个维度又分为 5 个评分等级。

（1）通过（5分）：通过观察、询问得知学生能直接做出相关行为就
能达到目标，即得 5 分。

（2）监督提示（4分）：发出指令，学生能够执行目标行为，即得 4 分。

（3）示范与说明（3分），学生在教师动作示范或者语言提示下完成，
即得 3 分。

（4）动作辅助（2分），学生在教师辅助学生身体做动作情况下完成，
即得 2 分。

（5）全面辅助（1分）。学生在教师的全面辅助下完成，即得 1 分。

要形象、直观地呈现评估结果，就要在评估系统的构建过程中设计相
应的评估结果记录表。笔者将评估结果记录表设计为表格式评估结果记录
表，记录表左侧为各级目标条目，记录表的顶部为"评估表"中"1、2、
3、4、5"的分数及分数的具体含义，记录表中间要留出大部分空白，用
于记录"评估表"中各目标条目的原始得分。

二、运用 Excel，设计数据录入与分析工具

笔者将评估表录入 Excel 也进行数据录入和分析。评估中达到通过等
级的项目，教师将鼓励学生在生活中自然运用它们并且在后续的评估中不
再显示该项目内容。达到监督提示、示范与说明的项目被建议在学科中渗
透实施。达到动作辅助、全面辅助等级的项目被建议开展。

三、开发评估统计分析系统

对康复训练课程目标进行细化后，笔者发现指标有近300条，如果一个培智班级12人都要进行测试则累计超过3 000条数据，这对于一位任课老师来说是一个比较大的数据量。这就必然要考虑把评估数据进行信息化处理。

第一步，对评估信息化处理需求进行分析。它包含对评估数据进行录入分析统计，对分类数据进行筛选，不同使用者对应不同的数据权限等。

第二步，对信息化处理相关参数、逻辑规则的界定。

（1）对康复训练课程目标计分规则进行参数赋值。能力参数值1～5分，按升序排列；支持参数值1～5分，按降序排列。能力与支持构成负相关，录入能力参数得分值也可得到支持参数分值。按能力分数将学生分类：1～2为需要参与康复学科；3～4分为需要参与学科融合；5分为顺利通过，不参与康复训练课程。

（2）对康复目标进行分类集合编制。康复训练课程有四大领域，按照集合的思维，康复训练课程是总集合，四大领域为子集合。四大领域又各自拥有自己的子集合，这样分解后形成四级目标体系。测评时可得到四级目标分值，也是可以执行操作目标层级（可低于四级），由四级目标分值我们可以通过总分关系，求和得到其他三个级别的分数。

（3）数据可视化设计。对单个学生的数据可视化设计形成评估曲线图，可用于对比前后评估的数据变化，以及不同类别的结果情况。对全部学生的数据筛选分类功能可以帮助老师快速筛选适合的集体康复训练目标。

第三步，设计开发信息化处理工具与功能优化。

一种方案是使用办公软件编辑好数据运算公式，并提供给老师们使用。

试用过程中的优势：在编写专用软件或启用专业软件之前，这是较快的生产力工具。开发周期较短，解决了大部分数据统计分析的功能。不足：公式多，数据大，数据之间的合并串联比较烦琐，对办公软件不熟悉的老师很容易出错；同一个班的老师都需要拷贝相应数据，不能云端调用；数据存在遗失或因办公软件格式不兼容的问题，需要进一步进行优化。

另外一种方案是进行程序设计，借助"云"的方式，让数据随处可用。笔者开发了基于互联网的康复训练课程目标评估统计分析平台，最后实现的效果如图1所示。

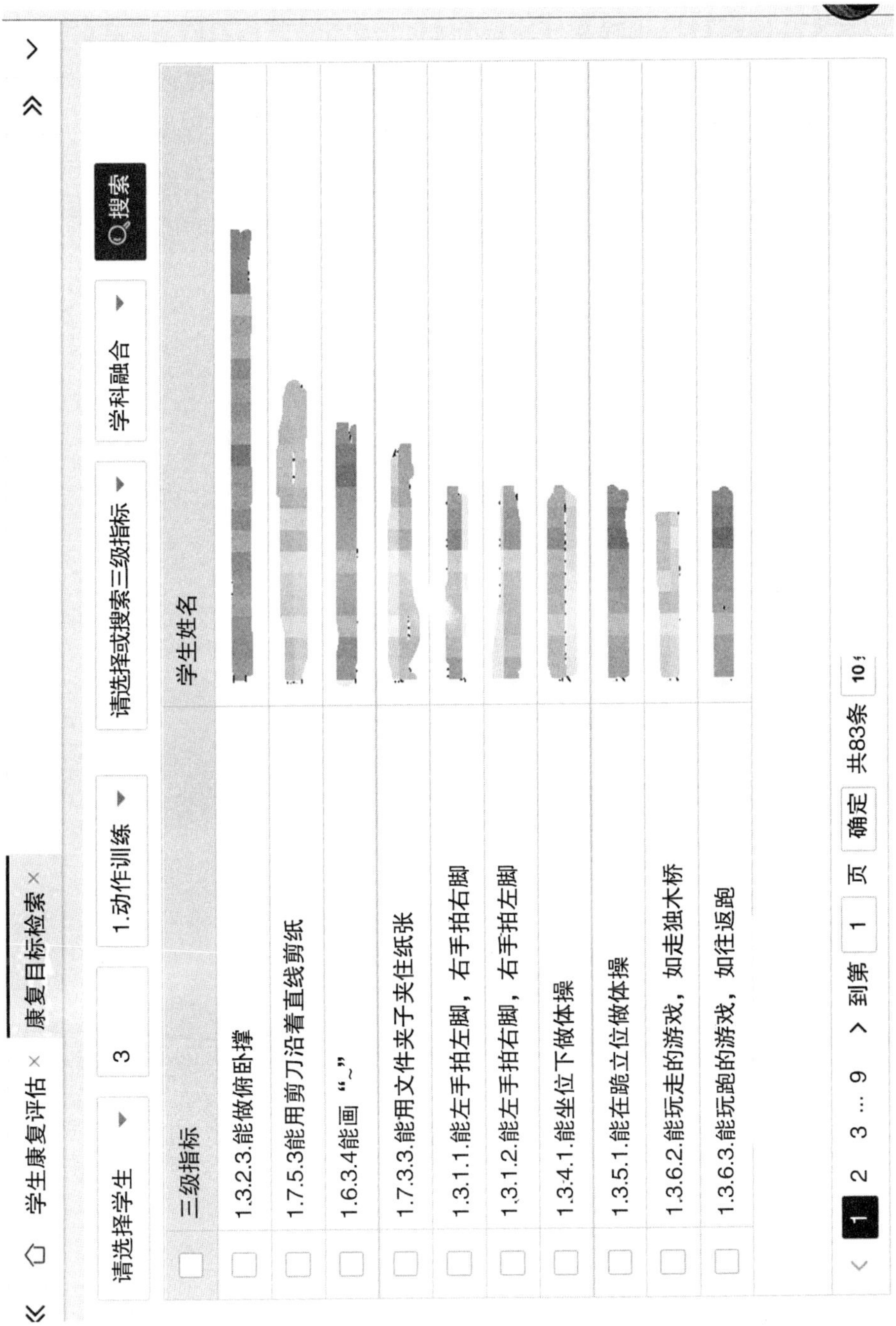

图1 学生目标的筛选界面

作为康复训练课程目标实施的辅助工具，该系统数据的可视化效果好，可以为制订学生个别化教育计划提供评估数据参考。

康复训练课程目标评估统计分析系统，是一种信息化的运算工具，但软件系统不能代替人工测试，在实施测试的过程中一定还是以情境的、实物操作的评估为基础。信息化是让大量的评估数据得以数字化保存，从而能够进行数字化分析，提升统计分析的效率。注意，单纯地填报数据并不是评估。

第三章　康复训练课程实施的路径探索

笔者经过实践探索，认为康复训练的课程实施主要分为康复训练、学科渗透、家校社协作三种途径。

一、康复训练

康复训练是指为提高身心障碍儿童社会生活能力，防止和减缓其障碍程度，加强感知能力、认知能力、运动能力、语言交往能力、生活自理能力和社会适应能力等训练。训练目的是通过不断发掘其各方面的潜能，使其能力得到补偿与提升，从而最大限度地实现回归社会。

本书中的康复训练包括在学校实施的教育康复和在康复机构开展的专业康复。

二、学科渗透

学科渗透，即将某个学科教育内容渗透到其他各门学科之中，通过将各门学科课程化整为零来实施教育。这种课程模式便于将这个学科领域的各个方面内容分门别类，使学习者在各学科的学习中获得相应的知识、技能和情感。

本书中的学科渗透是指培智学校在实施一般性的学科教学中实施的康复训练课程。

三、家校社协作

家校社协作，即学校、家庭、社区共同支持学生发展。学校层面的支持包括在学校实施的各科课程与学生活动，家庭支持包括家长带领学生参与、体验、实践的居家活动与社区活动，社区支持包括残疾人联合会、民政部门、医疗机构、康复机构等社会组织对学生开展的医疗、康复及社会活动等。

第一节　康复训练课

一、康复训练的内容

根据《课程标准》中的康复训练课程标准，康复训练的课程内容分为动作训练、感知觉训练、沟通与交往训练、情绪与行为训练四大模块。

动作训练主要包括粗大动作训练、精细动作训练。对应的专业康复治疗为物理治疗和作业治疗。

感知觉训练主要包括视觉、听觉、触觉、味觉、嗅觉、前庭与本体觉。对应的专业康复治疗为感知觉训练。

沟通与交往训练主要包括言语准备、前沟通技能、非语言沟通、口语沟通。对应的专业康复治疗为语言治疗。

情绪与行为训练主要包括情绪识别、情绪表达、情绪理解、情绪调节、行为管理。对应的专业康复治疗以心智解读、游戏治疗为主。

二、康复训练的形式

康复训练实施的形式主要分为个别训练、小组训练两种形式。

个别训练即通过一对一的方式进行某项知识、技能的教育和练习。

小组训练即同时对 2 个及以上的学生进行某项知识、技能的教育和练习。本书中的康复训练小组以康复训练需求同质分组，即对 2 个及以上有相同或相似康复需求的学生进行的训练。

三、不同训练形式的教育康复设计

不同对象的教育康复需求不同，开展的教育康复内容、运用的材料、设计的活动也会随之变化。本书将整理、呈现笔者在实践研究过程中尝试开展的不同形式的教育康复设计，供大家参考。

（一）个别训练

1. 个别训练教学设计的基础理论

个别训练教学是针对一个学生的具体问题进行的指导与教育，适用于解决个性化的问题，比如肢体康复、言语康复或辅具使用、策略学习等。

个别训练教学是教学的一种形式，因此，按照教学的流程，有学期的评估、计划，有具体的教学目标、教学前测、学情与教材分析、教学准备、教学设计、教学实施、教学后测与反思等。

2. 个别训练教学设计

个别训练教学设计是指针对个别学生的学习需求，确定康复训练教学目标，围绕该目标的实现，设计的具体教学实施计划。

个别训练教学设计的程序也要符合教学设计的一般程序，具体程序为：分析学生需求—确定核心的目标—设计相应的课程—设计每一节课的教学活动—选择教学策略—设计教学评价的方式—调整教学设计。

（1）分析学生需求。个别训练教学主要针对学生个体的技能发展展开专业训练。通过康复训练课程的评估，找到学生目前发展的基础，分析学生的需求。

图2是通过康复训练课程目标评估统计分析系统分析的彭同学在沟通与交往领域的个别康复训练的目标。

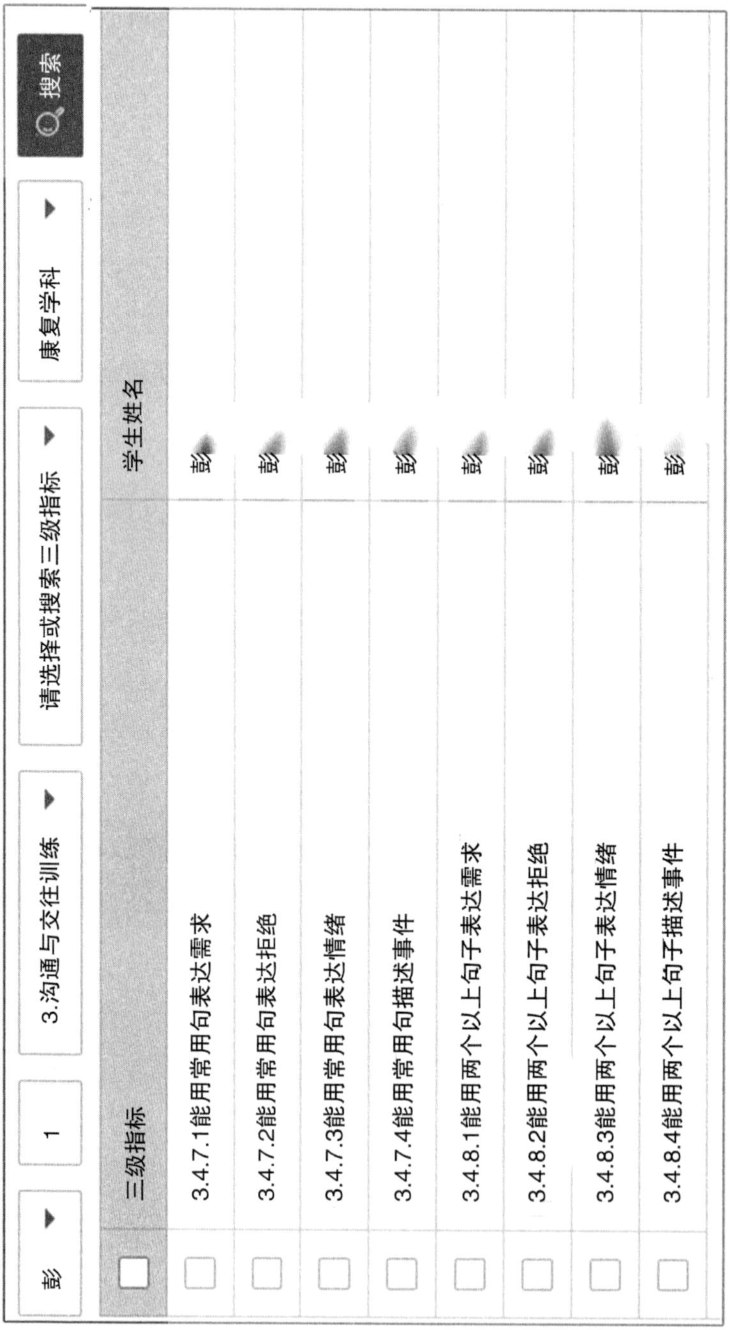

图2　彭同学在沟通与交往领域的个别康复训练目标

我们在做学期计划的时候，可以结合学生本期生活所需，选择其中的1～2个目标作为本学期的核心目标。

（2）确定核心的目标，具体方法如下：

①罗列学生的主要问题；

②分析影响学生这些表现的主要因素；

③确定 1～2 个主要的学期目标。

例如，彭同学目前主要的困难是难以和同学友好相处，缺乏社交技巧，主要的原因是难以用常用语句表达自己的需求和情绪。那么，彭同学的个别训练核心目标就可以设定为识别与表达自己的情绪、用常用语句表达自己的需求。

（3）设计相应的课程，寻找相关课程资源，拟定学期总计划。根据学生的学期目标，可以考虑参考心智解读课程进行系统的训练。

（4）设计每一节课的教学活动。根据心智解读课程，结合学生日常生活遇到的具体情景，设计具体的教学内容。

（5）选择教学策略。培智学校的教学策略以直观、具体、形象、操作为主，应根据不同的教学目标、内容，选择合适的教学策略。

（6）设计教学评价的方式。教学评价对应每节课的教学目标，以过程评价、观察评量为主。

（7）调整教学设计。即根据教学效果的反馈信息，对设计内容进行修改。

3. 个别训练的案例

以彭同学的动作领域为例，图 3 是通过康复学科目标检索到的彭同学该领域的康复训练指标。其个别训练教学设计见表 5 所列。

图 3　彭同学在康复学科目标下的康复训练指标

表5 个别训练教学设计

学生姓名	彭××	执教教师	冯艳玲
教学时间	2022.12.23	教学主题	匍匐爬
康复训练领域	1. 动作训练☑ 2. 感知觉训练☐ 3. 沟通与交往训练☐ 4. 情绪与行为训练☐		
教育康复目标	匍匐爬		
教学材料或资源	障碍物、山洞、垫子		

教学过程	热身活动：开火车 （1）模仿火车过山洞：蹲走、四肢爬…… （2）提问："矮矮的山洞怎么过?" （3）老师示范匍匐爬：身体贴地面，眼睛向前看；出左臂，曲右腿；出右臂，曲左腿。 （4）老师辅助学生练习动作要领：出左臂，曲右腿，出右臂，曲左腿。 （5）学生自己练习匍匐爬。 （6）让学生自主选择不同的身体姿势过山洞。 （7）总结奖励：肯定个案的进步	学生表现记录
		不愿意趴下，缺乏安全感，坚持要求，表现出抗拒。 在老师的鼓励与多次示范后尝试做，可以在辅助下完成动作
家长沟通	（1）居家活动建议：多做一些垫上的活动，匍匐爬、"裹春卷"（用布将身体包裹起来）、前滚翻等。 （2）匍匐爬的动作要领：出左臂，屈右腿；出右臂，曲左腿。家长可以适当辅助	学生表现记录
		喜欢"裹春卷"，其他的都做不到，不配合
社区活动建议（含学校训练交流反馈）	（1）可以和同学一起做一些垫上的运动。匍匐爬、裹春卷、前滚翻等。 （2）匍匐爬的动作要领：出左臂，曲右腿；出右臂，屈左腿。活动时家长可以适当辅助	学生表现记录
		彭同学在一对一的鼓励下愿意尝试做，但和同学一起活动存在困难
教学反思与调整	彭同学不会匍匐爬行的主要原因不是动作能力的问题，而是趴下的姿势让他缺乏安全感，不敢尝试低体位的活动。 所以要达成本课目标，还需要家长多带孩子做垫上活动，让孩子尝试不同体位的运动，增进其自身的安全感	

（二）小组训练

1. 小组训练教学设计的基础理论

小组训练一般建议根据学生的不同需求，同时考虑年龄来分组，适用于解决一群学生共同的问题。如社交沟通小组提升学生的社交沟通能力，感知觉训练小组促进学生的感觉、知觉发展，学业辅导小组改善学生的学习方法，提升学习能力等。

2. 小组教学活动设计

小组教学活动设计是指针对康复小组的共同学习需求确定康复训练的教学目标，并围绕该目标的实现设计的具体教学实施计划。

小组教学活动设计也要符合教学设计的一般程序，和个别训练教学活动设计一样，包括分析学生需求、确定核心的目标、设计相应的课程、设计每一节课的教学活动、选择教学策略、设计教学评价的方式、调整教学设计环节。

（1）分析学生需求。参照个别训练的维度（个体与环境），罗列每个学生的需求，综合分析小组学生共同的需求。

（2）确定核心目标，方法如下：

①罗列每个学生的主要问题；

②分析影响学生这些表现的主要原因；

③梳理小组的共同需求；

④确定 1～2 个主要目标。

通过康复训练课程目标评估统计分析平台的康复学科目标检索，可以快速找到某一个领域下有哪些学生需要达成该目标或哪几个学生有共同的康复训练目标。可以以此为依据进行学生的分组训练。

图 4 是选择康复学科，再选择动作领域的"能用剪刀沿直线剪纸"的目标，发现朱同学、葛同学、蒋同学需要训练该目标。在学科教学时，这三个学生需要个别化的支持；在小组教学时，这三个学生可以分到一个小组。

图4　学生分组训练目标

（3）设计相应的课程，拟定一个学期计划（寻找相关课程资源）。

（4）设计每一节课的教学活动，包括导入、新授、练习、总结等各环节的具体活动。

（5）结合学生实际情况，选择教学方法，如实物演示、故事讲述等，确保教学效果最大化。

（6）设计教学评价的方式，如口头提问、书面作业和小组讨论等，全面评估学生的学习成效。

（7）调整教学设计，即根据教学效果的反馈信息，对设计内容进行修改。

3. 小组训练的案例

以图4中提到的朱同学、葛同学、蒋同学小组为例进行小组训练教学设计，见表6所列。

表6　小组训练教学设计

学生姓名	葛××、朱××、蒋××	执教教师	马秦
教学时间	2023. 3. 20	教学主题	五彩面
康复训练领域	1. 动作训练☑ 2. 感知觉训练☐ 3. 沟通与交往训练☐ 4. 情绪与行为训练☐		
教育康复目标	用剪刀沿直线剪纸		
教学材料或资源	70～120克的彩纸、涂好胶水的操作纸（碗）		

续表

| 教学过程 | 1. 导入
出示图片，故事导入。
师："同学们看，小兔子开了一家炒面店，很多人来光顾，小兔子忙得满头大汗，我们去帮帮它吧，一起去炒面！"
2. 新授
（1）出示炒面图片，让学生观察炒面的颜色、形状。
师："今天老师带来很多彩色的纸，绿色的可以做菠菜面，黄色的可以做胡萝卜面，红色的可以做番茄面……我们一起来做炒面吧！"
（2）复习剪刀的使用方法。
①出示剪刀，认识剪刀的刀锋，告诉学生刀锋会伤手。
师："除了纸，我们今天还会用到剪刀。但是剪刀的刀锋，很锋利，会伤到我们的手。"
②手摆放的位置。
师："使用剪刀会用到我们的大拇指、食指和中指；剪刀手柄有两个洞，将剪刀竖放，大拇指放入上洞，食指和中指放入下洞。"
（3）开合剪刀的方法。
第一步，大拇指向上使力，食指中指向下使力，打开剪刀。
第二步，大拇指向下使力，食指中指向上使力，合上剪刀。
师："我们先来熟悉一下开合剪刀。"
3. 教师示范
师："现在我们来试试开合剪刀剪纸条，做炒面吧！"
第一步，正确拿握剪刀。
第二步，大拇指向上使力，食指中指向下使力，打开剪刀。
第三步，左手拿捏纸张，将纸张平放置于刀锋处，左手离刀锋一指的距离。
第四步，大拇指向下使力，食指中指向上使力，剪刀合到一半再打开，向前推。
第五步，左手拿捏纸张，右手拿剪刀，边开合边向前推，直至剪断。
师："我们重复此动作，将纸张剪成纸条，然后撒到我们的碗中，炒面就做好啦！"
4. 学生练习
（1）能开合安全剪刀，将5厘米宽的纸张剪成纸条。
（2）能开合安全剪刀，将8厘米宽的纸张剪成纸条。
5. 评价
学生展示作品，展示小兔子笑的图片。
师："同学们的炒面看着都太好吃了，小兔子非常感谢你们！你们真棒！" | 学生表现记录

学生可以用剪刀开合剪纸，但是连续剪有困难。
葛同学每次都会在合的时候剪断，虎口的稳定性与力度的控制不佳；朱同学理解连续剪，合的时候力度控制不稳定，有时候可以连续剪；蒋同学理解连续剪，也会努力通过手臂支撑桌面帮助其稳定，但是因为肢体障碍的限制很难完成沿直线连续剪纸 |

续表

		学生表现记录
家长沟通	居家活动建议：葛同学、朱同学可以在家做一些拧瓶盖、盖印章等锻炼虎口稳定性与力度控制的活动；蒋同学可以做一些双手配合操作的活动，如拼装积木、涂画等，帮助改善双手的协调性	葛同学：盖章可以，拧瓶盖困难。 朱同学：可以配合完成活动，瓶盖拧不紧。 蒋同学：配合完成活动，自己很努力
社区活动建议（含学校训练交流反馈）	葛同学、朱同学可以在活动中做一些拧瓶盖、盖印章等锻炼虎口稳定性与力度控制的活动；蒋同学可以做一些双手配合操作的活动，如拼装积木、涂画等，帮助改善双手的协调	学生表现记录 三个同学都能积极参与剪纸、涂胶棒、剥胡豆的活动，但是工作品质不佳
教学反思与调整	本组学生对剪刀开合的力度控制不佳，这跟身体发展的限制有关，学生因此练习起来很困难。可以考虑通过其他的一些活动先训练学生的基础能力，后期再进行剪纸的训练	

通过以上案例，我们可以看到个别训练和小组训练的设计都是基于康复训练的课程评估。我们可以通过目标检索把共同的目标作为小组的教学目标，把个别急需达成的目标作为个别训练的教学目标，再根据教学目标设计教学活动的过程与方法。

在教学设计中，我们特别强调与家长的沟通。因为我们在实践的过程中看到学校以班级教学和小组康复训练为主，学校师资有限，能安排的个别训练极其有限。而残联为残疾学生提供了康复训练经费，学生在康复训练机构接受的康复训练以个别训练为主。家长是家校社协作的重要桥梁，把学校的教学内容、方法及时与家长沟通，通过与家长、康复训练机构共同协作，学生的教育康复目标才能更好地达成。

与家长沟通的内容包括：个案当天的表现、老师教学的方法、教给家长回家可以带孩子做的活动、明确告知家长康复训练的近期目标，以及康复机构可以配合训练的主要内容。

与家长沟通需要专业、自信，同时又要以平等真诚的态度去沟通。一般我们会说："我们今天做了××活动，孩子的表现是××，我们这样做的目的是××，你们回家可以尝试让孩子做××家务活动，你们可以跟康复机构的老师沟通孩子近期在学校主要的训练目标是××，你们可以请孩子做与××相关的专业训练。"

跟家长的沟通需要注意以下事项：

（1）用家长听得懂的语言，尽量简洁、清楚，举例说明；

（2）重要信息请家长重复，确认家长的理解正确；

（3）必要时给予书面反馈；

（4）沟通以积极正向为主，如遇学生的行为问题，可以明确告知家长"老师尝试用了××方法，效果××"，并教给家长具体做法。

第二节　学科渗透

一、学科渗透的基础理论

（一）学科渗透

学科渗透，即将某个学科的教育目标渗透到其他学科之中，通过各门学科课程化整为零地实施教育。这种课程模式，便于将康复学科领域的各方面内容分门别类，使学习者在各学科的学习中获得相应的知识、技能和情感。

（二）培智学校的学科

根据《课程标准》，培智学校的一般性学科包括生活语文、生活数学、生活适应、劳动技能、唱游与律动、绘画与手工、运动与保健，选择性学科包括信息技术、康复训练、艺术休闲。

（三）康复训练的学科渗透

康复训练的学科渗透是指将康复训练课程四大领域目标分门别类地在生活语文、生活数学、生活适应、劳动技能、唱游与律动、绘画与手工、运动与保健等学科中实施，使学生在各学科的学习中获得康复训练。

二、学科渗透案例

（一）生活语文

《小山羊》是人教版部编《培智学校义务教育实验教科书　生活语文五年级　上册》中的一篇课文。这篇课文分为字词学习，课文学习和课后练习三个部分。下面，以教学此课文内容中第一自然段"课文学习"的内容为例讲解生活语文学科的学科渗透。

1. 教材分析

课文学习目标是在学生正确朗读课文的基础上，教师结合场景图进行提问："图上有谁？它们在干什么？"请学生对照图片和课文回答问题。由于情节较为简单，教师还可以在讲解第一自然段后组织学生进行角色扮演。在朗读课文和角色扮演的过程中，教师要重点讲解小猫邀请小山羊吃东西时友善的姿态，以及小山羊无论接受与否都表现出的礼貌态度。教师通过几个简单的问题和图文结合的板书，帮助学生理解课文的内容和每个自然段的大意。

2. 学情分析

（1）七年级学生共 11 人，脑瘫患儿 4 人，孤独症患儿 3 人，唐氏综合征患儿 1 人，中重度智力障碍患儿 3 人。

（2）学生学习课文第一自然段前准备能力测评情况表，见表 7 所列。

表 7　学生对课文第一自然段前备能力测评情况表

学生	会读字词	看图说一说	能阅读	阅读时复读、错字、掉字、跳行	阅读时长
文文	会读	能看图说出图上有羊、猫、鱼、青草，猫吃鱼	能阅读	不会	1:30
欣欣	会读	能看图说出图上有羊、猫、鱼、青草，猫吃鱼	能阅读	会错字	1:30
雪儿	会读	能看图说出图上有羊、猫、鱼、青草，猫吃鱼	能阅读	会复读	0:51
诺诺	会读	能看图说出图上有羊、猫、鱼、青草	能阅读	会错字、掉字、跳行	1:17
左妹	部分会读	能看图说出图上有羊、猫、鱼、青草，猫吃鱼	能阅读	会错字、掉字、跳行	3:06

续表

学生	会读字词	看图说一说	能阅读	阅读时复读、错字、掉字、跳行	阅读时长
罗妹	会读	能看图说出图上有羊、猫、鱼、青草，猫吃鱼	能阅读	会错字、掉字、跳行，读一下老师要用"继续读"提示	4：01
妍妍		不开口说话，不动手指			
徐儿	全部不会	能看图说出图上有羊、猫、鱼、青草，猫吃鱼	不能		
朱朱	全部不会	能看图说出图上有羊、猫、鱼、青草，猫吃鱼	不能		
果妹	全部不会	能看图说出图上有羊、猫、鱼、青草	不能		
鑫鑫		没有语言能力			

根据学生前备能力统计表，将能看图说出图中有谁、猫在吃鱼，能正确阅读或在阅读过程中有少量错字、掉字的学生分为 A 组；将能看图说出图中有谁，会阅读课文但错字、掉字、错行比较多的学生分为 B 组；将不会看图说出图中有谁或能看图说出图中有谁但不会阅读的学生分为 C 组。

3. 教学目标及重难点（表8）

表8　教学目标及重难点

目标分类		A 组	B 组	C 组
教学目标	知识与技能	（1）能独立正确、流畅地朗读课文。（2）能结合场景图和课文内容，在老师提示下学会观察分辨图中小猫和小山羊的表情，说出它们的关系以及它们在干什么。（3）能独立扮演小猫或小山羊角色，表演出小猫邀请小山羊吃东西时友善的姿态，或是小山羊不接受表现出的礼貌态度。（4）能独立读课文并完成选词填空	（1）能在提示下正确地朗读课文。（2）能结合场景图和课文内容，在老师引导下学会观察分辨图中小猫和小山羊的表情，说出它们的关系以及它们在干什么。（3）能扮演小猫或小山羊角色，能说出"请你吃鱼"或是"谢谢！我不吃鱼。"（4）能在提示下读课文并完成选词填空	（1）朱朱和果妹能在老师引导下看小猫图字卡、小山羊图字卡和鱼图字卡并说出小猫和小山羊的关系；以及小猫请小山羊吃鱼，小山羊拒绝后说了什么。鑫鑫能在老师帮助下指认图片。（2）能扮演小猫或小山羊角色。朱朱和果妹能扮演小猫在老师提示下说出"请吃鱼"；鑫鑫能扮演小山羊，并且在老师帮助下摆手表示"不吃鱼"

续表

目标分类		A 组	B 组	C 组
教学目标	情感价值	通过自主学习，让学生学会基本的社交礼仪，增强学生文明礼貌的行为习惯	通过在老师的引导下学习，让学生学会基本的社交礼仪，增强学生文明礼貌的行为习惯	在老师的帮助下学习，让学生体会基本的社交礼仪，增强学生文明礼貌的意识
	康复训练	学生能从面部表情、言语、动作等方面来识别高兴或是不高兴的情绪	学生能在老师引导下从面部表情、言语、动作等识别高兴或是不高兴的情绪	学生在老师帮助下认识高兴、害怕的表情图
教学重点		正确地朗读课文，结合场景图和课文内容，学会观察图中动物的表情，理解课文大意，知道小猫喜欢吃鱼，小山羊不喜欢吃鱼		
教学难点		观察图中动物的表情，理解课文大意		

4. 教学策略

（1）教师通过运用场景图和图字卡等方式，让学生认识图中有谁，通过图中动物的面部表情、动作等识别高兴或是不高兴的情绪，以及它们在干什么。

（2）在教学组织形式上采用互动式活动让学生充分展示自己、肯定自己，以获得成就感。

（3）在教学管理策略上，选择反复地读，理解课文大意。

（4）通过角色扮演，演绎课文主要故事情节，让学生感悟发自内心的情感，学会对自己不喜欢的事情做到有礼貌地拒绝。

5. 教学准备

某在线课件平台课件，小山羊和小猫的图卡及字卡，小山羊、小猫脸谱。

6. 教学设计（表9）

表9 《小山羊》教学设计

教学内容及步骤	目标	学生	目标编号	基线	后测
1. 常规练习 （1）静息，1、2坐直。 （2）上课，师生问好。 2. 复习引入课题 （1）师："今天老师请了一些小朋友和我们一起上课，大家来听一听，猜猜他们是谁?"（打开课件） ①播放小猫的叫声的同时先出示有"猫"字的卡片，再出示小猫图和有"小猫"的卡片，请A、B组学生读，教C组学生读并指认图。 ②播放小山羊的叫声的同时先出示有"羊"字的卡片，再出示小山羊图和有"小山羊"的卡片，请A、B组学生读，教C组学生读并指认图。 ③出示鱼的图片，请学生说一说，再出示有"鱼"字的卡片请学生读。 ④出示有"朋友"的卡片，请学生读，老师讲："两个月紧紧靠着，表示关系很亲密；友字是友情，朋友表示关系很亲密、友好的人在一起。" （2）师：今天我们就来认识小山羊和它的朋友们。出示课题——学习课文《小山羊》并板书。 3. 新授 （1）初读课文《小山羊》。 ①先示范朗读课文。 ②指导学生给课文标自然段。 （2）教授课文第一自然段。 ①出示课文第一自然段，老师教读。 ②抽A、B组学生朗读，引导学生圈句号，数一数第一自然段中共有几句话。 ③结合场景图，引导学生观察图上有谁，它们是什么关系。出示小猫、鱼、小山羊、朋友图卡和字词卡，组织学生跟读	1. A组目标 （1）独立正确、流畅地朗读课文。 （2）结合场景图和课文内容，在老师提示下学会观察分辨图中小猫和小山羊的表情，说出它们的关系以及它们在干什么。 （3）能独立扮演小猫或小山羊角色，表演出小猫邀请小山羊吃东西时友善的姿态，或是小山羊不接受表现出的礼貌态度。 （4）能独立读课文完成选词填空。 （5）通过自主学习学会基本的社交礼仪。 （6）学生能从面部表情、言语、动作等方面来识别高兴或是不高兴的情绪。 2. B组目标 （1）能正确地朗读课文。 （2）能结合场景图和课文内容，在老师引导下学会观察分辨图中小猫和小山羊的表情，说出它们的关系以及它们在干什么	蒲 欣 马 黄 徐 罗 左	A A A B B B B	3 3 3 2 2 2 2	

续表

教学内容及步骤	目标	学生	目标编号	基线	后测
④结合课文，引导学生学会观察认识场景图中小猫和小山羊的表情。眼神：小猫的眼神是真诚的，热切的，它请小山羊吃鱼；小山羊眼神是惊恐的，害怕的，但小山羊还是很有礼貌地说"谢谢你！我不吃鱼。"	（3）能扮演小猫或小山羊角色，能说出"请你吃鱼"或是"谢谢！我不吃鱼"。	妍	B	2	
⑤引导学生理解第一自然段大意，组织学生有感情地朗读课文第一自然段。	（4）能在提示下读课文并完成选词填空。				
⑥请学生扮演小山羊和小猫的角色，用表情、语言和动作等方式来演绎课文第一自然段的故事情节。	（5）通过在老师的引导下学习，学会基本的社交礼仪。	彭	C	1	
4. 巩固与练习	（6）能在老师引导下从面部表情、言语、动作等识别高兴或是不高兴的情绪。	葛	C	0	
（1）朗读课文，提升学生的情感认知。	3. C组目标				
①师生一起朗读。	（1）能认真聆听老师讲课。				
②抽学生朗读。	（2）朱朱和果妹能在老师引导下看图说出图上有谁、它们的关系、它们在干什么；鑫鑫能在老师帮助下指认图片。	朱	C	1	
（2）练一练					
①看场景图，讲一讲课文大意。					
②读一读，选字或词填空。	（3）能扮演小猫或小山羊角色。朱朱和果妹能在老师提示下说出"吃鱼"或是"谢谢！不吃鱼"；鑫鑫能在老师帮助下将鱼的图卡送出去或摆手表示不吃鱼。	彭	C	1	
小猫和小山羊是（　　）。（　　）请小山羊吃鱼。小山羊说："谢谢你！我不吃（　　）。"					
5. 老师小结		葛	C	0	
今天我们学习了《小山羊》这篇课文的第一自然段，结合课文，学会观察场景图中各小动物的眼神表情会分辨高兴还是害怕；通过朗读课文，知道了小猫和小山羊是好朋友，小猫很真诚地邀请小山羊吃鱼，小山羊不吃鱼，还很礼貌地对小猫说谢谢。老师希望同学们在与自己朋友相处时向小猫和小山羊学习，对自己的朋友友善、有礼貌	（4）在老师的帮助下学习基本的社交礼仪。				
	（5）学生在老师帮助下认识高兴、害怕的表情图	朱	C	1	

注：0 表示完全不会；1 表示偶尔会，大部分活动需他人照顾；2 表示部分会，部分活动需他人照顾，偶尔需动作协助；3 表示大部分会，偶尔需照顾，只需语言提醒；4 表示全会，达到需要能力，不需提示，能独立完成。

7. 教学成果

通过老师教读、学生齐读和抽读等形式，学生能正确朗读课文；通过老师引导学生观看图片，学习分辨、理解小猫邀请自己的朋友小山羊吃自己喜欢的鱼时那种真诚、热切的眼神和友好邀请的动作，以及小山羊面对自己不喜欢吃的东西时表现出的惊恐、害怕的眼神；让学生在朗读课文第一段时体会小猫热切、真诚的眼神和小山羊表现出惊恐、害怕的眼神，通过观察图片中小猫、小山羊的表情去理解课文的大意，并尝试运用这样的表情和动作来表演课文第一段所表达的意思。

本节课的教学过程中，注重学生的学科目标和康复目标的有机融合，直面学生的个体差异，给予他们恰当的支持，使学生在课堂中表现出的学习效果比较好；能很好地达成教学目标，圆满地完成了本次课的教学任务。

（二）生活数学

培智学校生活数学课中渗透康复训练目标实践探索，下文以实际课例进行分析。

1. 学情分析

八年级学生有11名学生，智力发展水平不均衡，可将学生分为A、B、C、D组。其中A组学生有小马、小欣、小蒲。该组学生整体认知水平较高，听指令和模仿能力较好，已认识数字1和5，会独立点数，在生活中有基本的金钱概念，但将人民币运用在日常生活中仍需加强。B组学生有小黄、小徐、小罗、小左。该组学生在课堂常规方面，部分学生需要老师口语提醒，能认识数字1和5，但点数的能力还需加强；有简单的金钱概念，但还不知道如何在生活中使用人民币。C组学生有小彭、小妍、小朱。该组学生整体认知水平较低，简单的指令和模仿能力较差，在提示下能认识数字1和5，目前点数物品仍需较多协助，在日常生活中缺乏购物的经历。D组学生小葛无语言能力，需要老师帮助参与教学活动。

2. 教材选择

八年级的学生认知能力较低，以具体形象思维为主，缺乏分析、综合、抽象的概括能力；思维刻板，缺乏目的性和灵活性，很难根据条件的变化调整自己的思维定向和思维方式。《课程标准》中"生活数学课程标准"第三学段 7～9 年级"常见的量"领域中"能根据商品的价格进行1 000 元以内的付款与找零计算"，这一目标对于八年级的学生来说太难，无法达成。笔者只有降低目标要求，选择《培智学校义务教科书 生活数学 三年级 下册》第 6 课"认识人民币（一）"及《培智学校义务教科书 生活数学 四年级 上册》第 5 课"认识人民币（二）"的内容制订八年级生活数学教学计划（表 10）。

表 10 八年级生活数学教学计划

	第一单元（2.14—3.31）	第二单元（4.3—5.19）	第三单元（5.22—6.30）
第一周	（1）认识人民币 1 元、5 元； （2）学习点数 1 元和 5 元； （3）学习 1 元和 5 元的换算	（1）学习用 10 元、20 元购物； （2）学习用 1 元、5 元、10 元、20 元购物	（1）学习 50 元和 1 元的换算； （2）学习 100 元和 20 元的换算
第二周	（1）学习 1 元和 5 元的换算； （2）学习用 1 元和 6 元购物	学习用 1 元、5 元、10 元、20 元购物	（1）学习 100 元和 20 元的换算； （2）学习 100 元和 10 元的换算
第三周	（1）认识人民币 10 元、20 元； （2）学习点数 10 元和 20 元	（1）认识人民币 0 元、100 元； （2）学习点数 50 元和 100 元	（1）学习 100 元和 10 元的换算； （2）学习 100 元和 1 元的换算
第四周	（1）学习点数 10 元和 20 元； （2）学习 10 元和 20 元的换算	（1）学习点数 50 元和 100 元； （2）学习 50 元和 100 元的换算	（1）学习 100 元和 1 元的换算； （2）学习用 50 元、100 元购物
第五周	（1）学习 10 元 20 元的换算； （2）学习 10 元和 1 元的换算	（1）学习 50 元和 100 元的换算； （2）学习 50 元和 10 元的换算	（1）学习用 50 元、100 元购物； （2）学习用 1 元、8 元、20 元、650 元、100 元购物

续表

	第一单元 (2.14—3.31)	第二单元 (4.3—5.19)	第三单元 (5.22—6.30)
第六周	(1) 学习10元和1元的换算； (2) 学习10元和5元的换算	(1) 学习50元和10元换算； (2) 学习50元和5元换算	学习用1元、5元、20元、50元、100元购物
第七周	(1) 学习10元和5元的换算； (2) 学习用10元、20元购物	(1) 学习50元和5元换算； (2) 学习50元和1元换算	—

3. 教材分析

课文通过两幅图（一是贝贝乘坐公交车投币，二是天天在超市购物结账）帮助学生将人民币与日常生活结合起来，让学生初步了解人民币的作用。

课文的主体分为三部分。第一部分为认识1元、5元、10元人民币，该部分包括对1元、5元、10元人民币的认识以及10元以内人民币的换算。在认识1元、5元、10元人民币的基础上，学习10元以内人民币的换算，课文中呈现1张5元＝5张1元、1张10元＝10张1元。值得注意的是，在认识1元时，课文呈现了硬币的正、反两面，以加强学生对1元人民币的观察，理解1元硬币与1元纸币是相等的。

第二部分为做一做。该部分的设计旨在帮助学生识记1元（纸币和硬币）、5元、10元人民币，在此基础上学会用点数或加法计算钱数。

第三部分为练一练。该部分是在前面的基础上，学习10元以内人民币的换算，以及学会在生活情境中按照物品的标价拿出相应钱数的人民币。考虑到纸币与硬币的区别，本节课的教学内容不设计1元纸币与硬币的辨别，主要教学内容为认识1元和5元纸币，以及1元和5元之间的简单换算。

4. 课前评估（表11）

表 11　生活数学前备能力评估

学生	能认识 1 元和 5 元面值的人民币	利用点数的方式数出 5 张 1 元人民币	在生活中使用 1 元和 5 元人民币
小左	能指出人民币上的数字 1 和 5	偶尔需要提示，才能点数	不会使用
小黄	在提示下能指出人民币上的数字 1 和 5	在提示下，才能点数	不会使用
小马	✓	✓	能在提示下拿人民币
小欣	✓	✓	能在提示下拿人民币
小妍	无语言能力，在提示下能拿数字卡片 1 和 5	在帮助下点数	不会使用
小徐	在提示下能指出人民币上数字的 1 和 5	在提示下点数	不会使用
小蒲	✓	✓	能在提示下拿人民币
小朱	在帮助下能指认人民币上数字的 1 和 5	完全不会	不会使用
小罗	在提示下能指出人民币上数字 1 和 5	能在提示下点数	不会使用
小彭	在帮助下能指认人民币上数字 1 和 5	完全不会	不会使用
小葛	无语言能力，认知能力较低，在帮助下能拿数字卡片 1 和 5	完全不会	不会使用

注："✓"表示学生具备该项前备能力。

5. 教学目标的设定（表12）

表 12　生活数学教学目标

分组	学生	学科目标	康复训练课程目标	康复训练个别化目标
A组	小马	（1）认识1元纸币和5元纸币、学会用点数的方式数出5元以内的钱数、理解1元与5元的换算； （2）在现实情景中，学会用5元以内人民币购买商品	独立用常用句表达购买物品需求	能清楚地表达自己的需求
	小欣			在活动中能维持身体协调，能积极地上台，学会调控紧张害怕的情绪
	小蒲			能积极地上台，学会调控紧张害怕的情绪
B组	小陈	（1）认识1元和5元人民币、利用点数的方式数出5元以内人民币的钱数； （2）在现实情景中，学会用1元和5元人民币购买商品	在老师提示下用常用句表达购买商品的需求	能用适当的行为获取他人注意
	小左			建立规则意识，听指令坐在自己位置上
	小罗			与人互动时能关注对方
	小黄			能对各种听觉刺激有反应，适应生活数学课中的声音
C组	小彭	（1）认识1元人民币； （2）在现实情景中，学会用1元人民币购买商品	能用常用词语或词组表达自己的购买商品需求	能大胆地表达自己的需求
	小妍			能对他人的沟通有恰当的响应，回应老师的问好
	小朱			能用常用词语表达需求
D组	小葛	（1）在老师帮助下拿1元人民币； （2）在老师帮助下用1元人民币购买商品	能理解语音的含义	与人互动时能关注对方，在老师帮助下参与活动保持身体平稳

6. 教学设计（表13）

表13　生活数学教学设计

<table>
<tr><td rowspan="2">教学
过程</td><td>

1. 引入

（1）视频导入：过年拿红包的视频。

（2）师："同学们，过年的时候会做些什么呢?"

（3）生："拜年、收红包……"

2. 复习

（1）师出示红包，师："老师也带来了三个红包，谁来打开第一个红包（装有1张1元人民币)?"

（2）请生打开红包并拿出1元人民币，引导学生复习1元人民币知识。

（3）师："谁来打开第二个红包?"

（4）请生打开红包并拿出5元人民币（装有1张5元人民币），引导学生复习5元人民币知识。

（5）师："谁来打开第三个红包（装有5张1元人民币)?"

（6）师："同学们，你们知道红包里一共有多少钱吗?"

（7）师："接下来我们就一起学习吧!"

3. 新授

（1）探索新知。

①播放"数5张1元"的微课。

师："在学习之前，我们一起来看视频。我们要带着两个问题来观看视频。"（PPT呈现学习指示：有几张1元？一共有多少钱?)

②学生分享观看视频后的收获。

③师："视频中是怎么数钱数的呢？我们可以用'数数'的方式。"

④复习数数：1、2、3、4、5、6、7、8、9、10。

⑤师讲解"数5张1元人民币"的步骤，并示范数出5元人民币。

首先，我们将多张1元人民币放在桌子上。

然后，拿起1张1元人民币放在一只手上，数1；再拿起1元人民币放在已经放钱的这只手上，数2；再拿起1元人民币放在已经放钱的这只手上，数3；再拿起1元人民币放在已经放钱的这只手上，数4；再拿起1元人民币放在已经放钱的这只手上，数5。一共有5张1元，一共5元。

⑥教师完整示范数5张1元人民币。

师："接下来老师完整地示范数5张1元。"（示范，引导学生观看，一起数5张1元)。

⑦师："你们知道数'5张1元'的步骤吗?"（图片依次呈现"数5张1元"的步骤)

⑦师："下面我要请同学们上台给大家展示数'5张1元'，请举手。"

A、B组学生上台练习数出5元
</td></tr>
</table>

续表

教学过程	⑧师将5张1元人民币张贴在黑板上。
	
	2. 理解"5张1元等于5元"
	（1）刚才我们用数数的方式数了5张1元。那么，它们一共是几元呢？请举手。（请生举手答：5元，师在黑板上的5张1元人民币下板书"5元"）
	（2）呈现1张5元的人民币。
	师："咦，这儿还有一张人民币，你们看一看，它是多少元?"（生齐答或个别答："5元。"）
	（3）师张贴5元人民币在黑板上并板书"5元"。
	（4）我们可以看到两边都是5元，两边的钱数是一样多的，中间可以用" ＝ "连接。（板书" ＝ "）
	
	3. 巩固练习
	（1）操作练习：5张1元 ＝5元。教师讲解并呈现练习单。
	①A组作业单：从6张1元中数出5元并粘贴
	②B组作业单：从5张1元中，数出5元并粘贴
	③C组作业单：从5张1元中，数出5元并粘贴
	④D组作业单：指认5元人民币。
	（2）小结（PPT）：5元有两种表示的方法：①5元；②5张1元（图片）。
	
	4. 拓展练习
	（1）分发红包，让学生拿出红包里的人民币，数一数自己红包里的人民币。
	    A组：红包中有6张1元。
	    B组：红包中有5张1元。
	    C组：红包中有1张5元。
	（2）师："豆豆零食铺开张了，都有哪些零食呢?"引导学生说一说零食的名称（零食贴在黑板上）；引导学生看价签，如薯片5元、饼干5元、海苔5元、小馒头5元。
	（3）学习购物。
	
	4. 总结
	师："今天我们学习了什么?"
	师："今天我们学习了什么?"
	生："1元和5元。"
	师："对，今天我们学习认识了1元人民币和5元人民币，也知道了5张1元就是5元。"
	
	5. 作业
	请小朋友们在家认识1元、5元的人民币，并练习使用人民币购物

板书设计	认识1元和5元

7. 教学成果

在生活数学课堂中创设豆豆零食铺这一情景，依次请学生上台购买自己喜欢的商品，引导学生表达出自己的需求，并用人民币购买。过程中，A组学生不借助提示可以说出自己的需求；B组学生给与一点语言提示；C组学生和老师一起说出自己的需求；D组学生则由老师说与他听，让他们学着理解语音的含义。

本节课学生在购买商品的活动中积极性较高，都想上台购买商品，购买的同时按老师的要求表达自己的需求，也达到了本节课的康复训练课程目标"购物时，能与人表达自己需求。"

教学中，切实将康复训练课程目标与学生情况结合，根据学生能力层次的不同，设计了分层目标，由老师给予不同水平学生相应的支持，使学生康复训练达到了更好的效果。

（三）生活适应

培智学校生活适应课程是一门帮助学生学会生活、融入社会的一般性课程。它旨在培养学生生活自理、从事简单家务劳动、自我保护和适应社会的能力，帮助学生养成健康的生活方式，形成热爱祖国、人民和党的情感和态度，培育和践行社会主义核心价值观，使之尽可能地成为合格、独立的社会公民。[①]

现以课程"我的喜怒哀乐"为例，说明如何将康复训练目标与生活适应课目标相结合进行课堂教学。

1. 学情分析

八年级有智力障碍学生11人，其中伴随孤独症患儿6人，脑瘫患儿2人，唐氏综合征患儿1人。八年级的学生已经学习了一些情绪的基础知识，如四种常见的情绪（开心、生气、伤心、害怕）等。他们有了一些基本的

---

① 芦燕云.《培智学校义务教育生活适应课程标准》解读[J]. 现代特殊教育，2017（5）：13－16.

生活经验。学生能进行部分情绪的区分和理解，但还需要进一步结合生活场景，加深对不同情绪的理解和表达，更好地参与社会生活、养成良好性格。

2. 教材选择

（1）根据儿童发展水平确定教材年段。笔者实践调研的八年级的学生在认知方面存在"知觉速度慢、容量小、不够分化、缺乏积极性，言语发生晚、表达能力差、词汇贫乏、语法单调、存在明显言语障碍，思维直观具体、概括水平低，缺乏思维的目的性、灵活性、独立性与批判性，对各种事物的理解只有与具体事物联系在一起时才能做到，抽象概括能力很低"的特点。

根据评估以及八年级的学生认知特点，结合现有教材的发行情况，笔者选择了教育部审定 2021 版《培智学校义务教育教科书　生活适应　六年级　下册》第 2 课"我的喜怒哀乐"的内容，制订了教学计划。

（2）根据教学目标确定教学内容。根据《课程标准》及生活适应课程中段的目标要求，对"个人生活领域"中的目标"会表达自己的情绪情感"进行评估，确定教学内容为"学习表达自己的情绪、情感"。

3. 教材分析

"我的喜怒哀乐"的主要内容为对不同情绪的理解和表达。恰当地理解和表达情绪是日常生活中与人顺利交往的基础。培智学校学生由于在认知方面存在障碍，不了解基本的情绪和情感，在日常生活中也不能正确地表达和控制情绪，因此，教会学生理解各种情绪，并表达自己的情绪，能帮助他们更好地适应生活。

根据八年级学生学习情况，笔者将该课内容分为了四课时，第一课时为认识和区分不同的情绪，第二课时为理解不同的情绪，第三课时为恰当地表达自己的情绪，第四课时为综合实践运用。下面以第二课时的内容进行教学实践。

4. 课前评估（表14）

表14　"我的喜怒哀乐"课前评估

学生	情绪命名与区分	情绪表达
小左	可以正确说出大部分情绪图片	可以用词组说出部分情景下某种情绪的原因
小黄	可以在提示下正确指认部分情绪图片	可以在提示下用词组说出部分原因，会仿说
小马	✓	可以说出大部分情景下的某种情绪原因
小欣	✓	可以说出大部分情景下的某种情绪原因
小妍	可以用手正确指认大部分情绪图片	几乎不表达
小陈	可以在提示下正确指认部分情绪图片，会仿说	可以在提示下用词组说出部分原因，会仿说
小蒲	可以正确说出大部分情绪图片	可以用词组说出部分情景下某种情绪的原因
小朱	可以在提示下正确指认部分情绪图片，会仿说	可以在提示下用词组说出部分原因，会仿说
小罗	可以在提示下说出大部分情绪	可以用词组说出部分情景下某种情绪的原因
小彭	可以在提示下说出部分情绪	可以在提示下用词组说出部分原因
小葛	可以配合指认情绪图片，部分正确	可在协助下做动作

注："✓"表示学生具备该项前备能力。

　　笔者通过在康复训练课程目标评估统计系统搜索"学科融合"，确定在本课中要落实的学科融合目标为能辨别不同情境并理解自己的情绪。这一目标也符合生活适应课的特点，于是笔者将这一目标融入本课的学科教学。

5. 教学目标的设定（表15）

表15　生活适应教学目标

分组	学生	学科目标	康复训练课程目标	康复训练个别化目标
A组	小马	（1）能说出不同情绪的名称； （2）能说出不同情景下不同的情绪反应的原因	（1）分辨不同的情绪； （2）能表达不同的情绪	能恰当表达自己情绪
	小欣			能积极地上台表演，学会调控紧张害怕的情绪
	小蒲			能积极地上台表演，学会调控紧张害怕的情绪
B组	小徐	（1）能说出不同情绪的名称； （2）能在提示下说出不同情景下不同的情绪反应的原因	（1）分辨基本的情绪； （2）在协助下理解不同情景的情绪	能用适当的行为获取他人注意
	小左			能建立规则意识，听指令坐在自己的位置上
	小罗			能对他人的沟通有恰当的响应，回应老师的问好
	小黄			能对各种指令进行回应
C组	小妍	（1）能在提示下说出或者指认不同情绪； （2）能在提示下说出或者用动作表达不同情景下不同的情绪反应的原因	（1）在老师的帮助下感受不同的情绪； （2）分辨基本的情绪	与人互动时能关注对方，在老师帮助下参与律动活动保持身体平稳
	小朱			与人互动时能关注对方
	小彭			与人互动时能关注对方
				能用安全、不干扰他人的方式调控自己的情绪
D	小葛	（1）能在教师协助下指认不同情绪； （2）能听指令	在老师的帮助下感受不同的情绪	与人互动时能关注对方

6. 教学策略

笔者主要采用了直观演示法、练习法、讲授法、情景模拟法，让学生们能较为形象、直观地学习。

7. 教学设计

表16　生活适应教学设计

教学主题：我的喜怒哀乐——理解不同的情绪			执教老师：刘坤燕		
教学准备：情绪图片、课题字、乐曲、粉笔、视频、头饰、PPT					
教学内容及步骤	目标	学生	目标编号	基线	后测
1. 师生问好 集体问好，个别问好。 2. 复习引入 （1）出示开心、难过、生气、害怕图片，请学生认一认。 （2）出示课题。 （3）再次说明并一起做表情和动作。 （4）区辩练习：图片二选一、三选一、四选一及动作命名。 3. 新授 （1）不同情景下的情绪：开心。 第一步，出示图片或视频，请学生观察并提问："他们是谁？他们在做什么？他们的情绪怎么样？" 第二步，学生尝试作答，教师引导。 第三步，点明情绪——开心。 第四步，教师引导学生思考开心的原因。 第五步，请生说一说，还有什么事情让自己很开心。 （2）不同情景下的情绪：难过。 第一步，出示图片或视频，请学生观察并提问："他们是谁？他们在做什么？他们的情绪怎么样？" 第二步，学生尝试作答，教师引导。 第三步，点明情绪——难过。 第四步，教师引导学生思考难过的原因。 第五步，请生说一说，还有什么事情让自己很难过	（1）知识与技能：能理解不同情景下基本的情绪反应。 （2）过程与方法：利用图片、情景模拟，通过联系和强化，使学生理解不同情景下的不同情绪反应	小妍	C	1	1
		小欣	A	2	3
		小马	A	3	4
		小黄	B	2	2
		小徐	B	2	2
		小罗	B	1	1

续表

教学内容及步骤	目标	学生	目标编号	基线	后测
（3）不同情景下的情绪：生气。 第一步，出示图片或视频，请学生观察并提问："他们是谁？他们在做什么？他们的情绪怎么样？" 第二步，学生尝试作答，教师引导。 第三步，点明情绪——生气。 第四步，教师引导：生气的原因？ 第五步，请学生说一说，还有什么事情让自己很生气。	（3）情感态度与价值观：培养学生理解基本情绪，适应人际交往，养成良好性格。 （4）教学重点：理解不同情景下的情绪反应。 （5）教学难点：理解不同情景下的情绪反应。	小左	B	2	2
（4）不同情景下的情绪：害怕。 第一步，出示图片或视频，请学生观察并提问："他们是谁？他们在做什么？他们的情绪怎么样？" 第二步，学生尝试作答，教师引导。 第三步，点明情绪——害怕。 第四步，教师引导：害怕的原因？ 第五步，请学生说一说还有什么事情让自己很害怕。		小蒲	A	3	3
		小葛	D	0	0
（5）练习。 ①游戏：不同情绪图片的选择。 ②静态造型：一二三，生气动作/开心动作。 ③情景模拟1：被抢玩具很生气。 提问："主人公是什么情绪？为什么？还有什么情况可以很生气？" ④看视频，听故事并提问："不同阶段里，主人公是什么样的情绪呢？这一段主人公是什么情绪？为什么？还有什么情况可以很开心？"		小朱	C	0	1
（6）总结。 ①师："基本的情绪有哪些？" ②师："不同的情景有不同的情绪反应，要学习观察别人和自己的情绪变化。" ③师："如何更好地表达自己的情绪，下节课一起来学习吧！"		小彭	C	0	1

注：0表示完全不会；1表示偶尔会，大部分需他人照顾；2表示部分会，需部分照顾，偶尔需动作协助；3表示大部分会，偶尔需照顾，只需要语言提醒；4表示全会，达到需要能力，不需提示，能独立完成。

（四）劳动技能

根据《课程标准》，培智学校劳动技能课程目标是提高高年级段（7～9年级）学生的劳动技能的综合运用能力，增强他们热爱劳动的情感。

1. 教学内容

本课源于《课标标准》劳动技能课高年级（7～9年级）"在熟练掌握一些家务劳动技能的基础上，学习初步的职业知识和技能"，教学内容为"高年级劳动技能课程内容中的种植当地农作物"的细化，即让学生学习使用工具把土地刨土松软。

2. 学情分析

笔者调研的八年级学生已经掌握了一些可以服务自己和他人的劳动技能，例如，简单冲泡芝麻糊、奶粉，手洗小件衣物，等等。劳动技能课可将学生分为三个能力层次组：A组，可以抓、握、捏生活中常见的物品（如橡皮擦、棍棒等），能听懂指令手眼配合使用工具，有主动参与劳动的意识；B组，学生能抓、握、捏生活中常见的物品（如橡皮擦、棍棒等），能听懂指令，按要求使用工具技能掌握比A组慢或需要语言提示；C组，有一定的劳动意识，抓、握、捏生活中常见的物品有困难。实践中C组中一名学生不能听懂指令。

3. 课前评估（表17）

表17　劳动技能课前评估——种植劳动

学生	学习状态	简单生产劳动技能
小左	能积极参加劳动训练	可以独立完成浇水、倒土等
小黄	在老师督促下能参加劳动训练	可以独立完成浇水、倒土等
小马	能积极参加劳动训练	能抓、握、捏劳动工具，知道3种节气
小欣	能听从老师安排参加劳动训练	能出一些常见蔬菜，认识3种种植工具
小妍	在老师督促下能参加劳动训练	能独立完成浇水、倒土等
小徐	能积极参加劳动训练，但是会做一些无关学习训练的事情	能独立完成浇水、倒土等，能抓、握、捏劳动工具
小蒲	能在老师提醒下完成劳动训练	能抓、握、捏劳动工具

续表

学生	学习状态	简单生产劳动技能
小朱	在老师督促、协助下能参加劳动训练	抓、握物品有困难
小罗	在老师督促、协助下能参加劳动训练	抓、握物品劳动工具不配合
小彭	能听从老师安排参加劳动训练	能灵活使用
小葛	在老师协助下能参加劳动训练	抓、握物品有困难

笔者通过在康复训练课程目标评估统计系统搜索"学科融合"，确定在本课中要落实的学科融合目标为能听懂日常沟通中两个以上指令。这一目标也符合劳动技能课的学生学习需求，于是笔者将这一目标融入本课的学科教学。

4. 教学目标

（1）学科目标。

A 组：了解什么是春耕，春耕的作用；认识花盆耕地工具；掌握花盆耕地的方法；能够安全使用劳动工具。

B 组：了解什么是春耕，春耕的作用；认识花盆耕地工具；了解花盆耕地的方法；能够在老师的提示下安全使用劳动工具耕地。

C 组：了解什么是春耕，了解花盆耕地的方法；认识花盆耕地工具；能够在老师的帮助下安全使用劳动工具耕地。

（2）康复训练目标。

A 组：能听懂三个以上指令，能独立完成。

B 组：能听懂二个以上指令，能做出去完成指令的反应。

C 组：能听懂二个以上指令，在老师提示下去完成指令。

5. 教学重难点

（1）教学重点：掌握花盆耕地的方法，能够安全使用劳动工具。

（2）教学难点：掌握花盆耕地的方法。

6. 教学策略

（1）教师通过运用图片和视频等方式，让学生理解技能要领。

（2）在教学组织形式上采用分组练习和个别指导。

（3）反复练习，掌握劳动技能。

7. 教学设计（表18）

表18　劳动技能教学设计

教学内容及步骤	目标	学生	目标编号	基线	后测
1. 引入 （1）听《春天在哪里》，问这是什么季节。（答案为春季） （2）出示春耕图，请学生看一看，说一说，人们在干什么。（答案为挖土） （3）教师讲这是春耕，板书"春耕"。 2. 新授 （1）教师教学生认读"春耕"二字。 （2）看视频介绍春耕。 让学生了解什么是春耕（春季播种前，翻松土地），春耕的时间（立春后，一般是二月初），春耕的作用（松土使土壤通气，增加土壤中微生物的活跃，提高土壤养分，调节土壤水分，提高土壤温度）。 （3）教师出示图片，讲一讲从古代到现代春耕用的工具。 ①古代用动物如水牛来耕犁田地。 ②现代使用机器耕地。 （4）教师告诉学生在学校走廊或家里的阳台种植盆栽蔬菜可以用的工具。 ①耙子：疏松土壤，使土壤透气。 ②敲耙：可以敲入土壤深部，可以挖坚硬板结的泥土。 ③教师出示工具，让学生认一认并说一说工具名称。（耙子、敲耙） （5）教师示范讲解"春耕"。 ①认清花盆为长方形，按顺序耕地。 ②手握工具举过肩膀，向土地挖。 敲耙的使用：直接敲下去，翘起泥土。	（1）了解什么是春耕，春耕的作用，认识花盆耕地工具； （2）掌握花盆耕地的方法； （3）能够安全使用劳动工具	小蒲	12	3	
				2	
		小欣	123	3	
				3	
				3	
		小马	123	3	
				3	
				3	
		小黄	123	2	
				2	
				2	
		小徐	123	3	
				3	
				2	
		小罗	123	2	
				1	
		小左	123	2	
				2	

续表

教学内容及步骤	目标	学生	目标编号	基线	后测
耙子的使用：耙子挖入土中拉一拉。 检查泥土是否松散，如果已经松散可以接着按顺序翻挖。 ③讲安全注意事项。一人一把工具，操作时坐在小凳上或蹲在花盆旁边，不可以提着工具挥舞或走动。停止劳动时立刻把工具放在花盆旁边。 3. 学生练习，教师指导 A 组学生独立完成。 B 组学生教师提醒。 C 组学生教师帮助下完成。 4. 学生展示劳动成果。 请学生展示劳动成果，老师评讲小结，老师与学生一起收拾劳动工具，打扫卫生	—	小妍	12	2	
				3	
		小彭	12	1	
				1	
		小葛	12	0	
				0	
		小朱	12	1	
				1	

注：0 表示完全不会；1 表示偶尔会，大部分需他人照顾；2 表示部分会。需部分照顾，偶尔需动作协助；3 表示大部分会，偶尔需照顾，只需要语言提醒；4 表示全会，达到需要能力，不需提示，能独立完成。

8. 教学成果

本节劳动技能课结合了康复训练课程目标，教师在设计教学环节时，兼顾劳动技能与康复训练目标的达成。例如：在教授使用敲耙时，A 组学生要能够安全使用劳动器具，在学习活动中能与同学沟通合作，保持安全距离，交换劳动工具。B、C 组学生在操作过程中，能维持身体的协调性。全班同学在教师引导下听懂指令，练习利用视觉观察和视觉定位，完成抓握敲耙，对准泥土挖，翻起泥土的连续动作。成功地将康复训练课程目标"听懂指令"融入教学，教学后学生在老师发出指令后能按照教学步骤完成劳动任务。本节课学生能积极参与学习，不仅实现了劳动技能课程目标也实现了康复训练课程教学目标。

（五）唱游与律动

康复训练课程对提升学生生活质量具有不可替代的特殊功能。在当前培智学校的教学实践中，康复训练课程时间占比较少，很难满足学生的康复需求。传统的康复训练会使学生感到无趣，而唱游与律动课程以其独有的课程特点（唱、动、听等）能调动学生多感官进行学习活动。从实践来看利用唱游律动的课程优势辅助进行康复训练课程是可行的、有效的。在《课程标准》的指导下，将培智学校的康复训练课程目标有机地融入唱游律动课程目标，建立课堂教学新模式，发挥学科教学的优势，使学生的康复训练真正做到补偿学生身心缺陷，满足其学习与发展需求。

唱游律动课程目标四大领域：感受与欣赏、演唱、音乐游戏、律动与康复。训练课程分目标中的感知觉训练、情绪与行为训练、沟通与交往训练、动作训练有着内在的联系，于是将康复训练课程目标融入唱游律动课程目标，以更全面地对学生进行康复训练。

现以乐曲《跳圆舞曲的小猫》为例，谈一谈如何将康复训练目标与唱游律动课目标相结合。

1. 学情分析

笔者开展实践调研的八年级班级有智力障碍学生 11 人，其中伴随孤独症 6 人、脑瘫 2 人、唐氏综合征 1 人。八年级的学生已经学习了一些音乐基础知识，如歌曲的节拍、强弱、快慢等。还学会了使用一些常用乐器如摇铃、响板、单响筒、沙锤等。他们有了一些基本的生活经验，对身边的事或物有一定的好奇心。通过对学生的观察，八年级部分学生能通过自己的方式表达对音乐的感受和理解。但欣赏乐曲的经验还欠缺，应引导他们学会如何去欣赏乐曲。让他们积累欣赏音乐的经验，为参与社会生活的音乐活动做准备。

2. 教材选择

（1）根据儿童发展水平确定教材。笔者开展实践调研的八年级的学生在认知方面具有"知觉速度慢、容量小、不够分化、缺乏积极性。言语发生晚、表达能力差、词汇贫乏、语法单调、存在明显言语障碍。思维直观具体、概括水平低，缺乏思维的目的性、灵活性、独立性与批判性。对各种事物的理解只有与具体事物联系在一起时才能做到，抽象概括能力很低"等特点选择教学内容应根据此阶段智力障碍儿童的心理发展特点选择符合学生认知的内容。

因为培智学校没有统编的音乐教材，根据前备能力评估及八年级的学生认知特点，笔者选择了《义务教育教科书　音乐（简谱）二年级·上册》（人民音乐出版社）《跳圆舞曲的小猫》，制订了学期计划（表19）。

表19　唱游与律动课学期计划

	第一单元	第二单元	第三单元
第一周	（1）欣赏乐曲《跳圆舞曲的小猫》 （2）理解乐曲内容 （3）听辨小提琴模仿小猫的叫声 （4）表演《跳圆舞曲的小猫》	（1）学习歌曲《大家来劳动》 （2）律动：大家来劳动 （3）表演：大家来劳动	（1）欣赏乐曲《小狗圆舞曲》 （2）理解乐曲内容 （3）听辨乐曲演奏的乐器 （4）音乐游戏：小狗圆舞曲
第二周	（1）欣赏乐曲《跳圆舞曲的小猫》 （2）学习乐曲节拍 （3）学习跳圆舞曲 （4）表演跳圆舞曲	（1）学习歌曲《大家来劳动》 （2）学习歌曲节拍 （3）乐器铃鼓伴奏 （4）表演：铃鼓伴奏	（1）欣赏乐曲《小狗圆舞曲》 （2）再次欣赏《跳圆舞曲的小猫》 （3）区别《小狗圆舞曲》与《跳圆舞曲的小猫》的乐曲速度 （4）分别表演两首乐曲
第三周	（1）欣赏乐曲《跳圆舞曲的小猫》 （2）学习B段中节奏 （3）单响筒伴奏 （4）表演用单响筒伴奏	（1）学习歌曲《大家来劳动》 （2）复习歌曲节拍 （3）乐器响板伴奏 （4）表演：响板伴奏	（1）欣赏乐曲《小狗圆舞曲》 （2）学习乐曲节拍 （3）分段欣赏 （4）完整表演乐曲
第四周	（1）欣赏乐曲《跳圆舞曲的小猫》 （2）学习乐曲B段 （3）单响筒伴奏B段 （4）合作表演整首乐曲	（1）学习歌曲《大家来劳动》 （2）复习歌曲节拍 （3）学习分组用响板、铃鼓合奏 （4）合奏表演	（1）学习歌曲《理发师》 （2）学习模仿理发师动作 （3）律动：《理发师》 （4）表演：《理发师》
第五周	（1）学习歌曲《拉勾勾》 （2）学习动作：拉勾勾 （3）律动：《拉勾勾》 （4）音乐游戏：好朋友 （5）音乐游戏：《我是一条小青龙》 （6）欣赏：钢琴曲《四季歌》	（1）学习歌曲《小青蛙找家》 （2）学习模仿小青蛙动作 （3）律动《小青蛙找家》 （4）音乐游戏：我的妈妈	（1）学习歌曲《理发师》 （2）学习唱简谱 （3）学习唱歌曲 （4）表演唱歌曲

	第一单元	第二单元	第三单元
第六周	(1) 学习歌曲《拉勾勾》 (2) 学习唱歌曲简谱 (3) 学习唱歌曲 (4) 表演唱歌曲	(1) 学习歌曲《小青蛙找家》 (2) 学习唱歌曲简谱 (3) 学习唱歌曲 (4) 表演唱歌曲	(1) 学习歌曲《理发师》 (2) 学习歌曲节拍 (3) 学习乐器沙锤伴奏 (4) 表演
第七周	(1) 学习歌曲《拉勾勾》 (2) 学习歌曲节拍 (3) 学习用串铃伴奏歌曲 (4) 表演	(1) 学习歌曲《小青蛙找家》 (2) 学习歌曲节拍 (3) 乐器：碰铃伴奏 (4) 表演乐器伴奏	—

（2）根据教学目标确定教学内容。笔者根据培智学校义务教育课程标准，唱游律动课程7～9年级的目标要求，对"能较长时间专注聆听音乐""能伴随音乐演奏打击乐器"两个目标进行了评估。考虑八年级的学生连续集中注意的时间较短，在平时教学中需要对学生进行连续集中注意的训练，所以，唱游律动课中乐曲欣赏既要让学生感知音乐作品的艺术魅力，又要能让他们进行连续集中注意力的训练，逐步养成良好的聆听习惯。

3. 教材分析

《跳圆舞曲的小猫》是一首专为孩子们写的管弦乐曲。由美国作曲家安德森作曲。曲调诙谐幽默，描绘了一只可爱的小猫在音乐声中跳起了优美的圆舞曲的情景。乐曲具有写实与拟人化的特点。该曲为三部曲式（A＋B＋A1）。

其中，B段旋律欢快活泼、一气呵成，用木管乐器主奏，表现得十分热闹的场面，描绘了小猫欢快旋转的情景。笔者所选案例为此乐曲B段的教学，它要求学生认真聆听乐曲，辨别演奏本段乐曲的乐器并进行打击乐器伴奏。

根据八年级学生学习情况，笔者将这一课分为了四课时，本节课是第四课时。第一课时初步感知整首乐曲，让学生理解乐曲内容情绪以及辨别小提琴模仿小猫叫声的特点；第二课时感受圆舞曲的韵律，学习跳圆舞曲；第三课时学习B段中的节奏；第四课时乐器伴奏B段，进行表演。

4. 课前评估（表20）

表20 唱游律动课前评估

学生	能较长时间专注聆听音乐	用单响筒伴奏乐曲B段
小左	东张西望	敲到后面一个节奏点
小黄	用手捂住耳朵，埋头	没有按乐曲节奏敲了一下
小马	✓	能敲后面三个节奏点
小欣	✓	跟不上节奏，能唱出后面三个节奏点，但敲不出来
小妍	关注同桌在干什么	必须在了老师动作提示下用单响筒伴奏
小徐	短时间专注聆听	敲到后面两个节奏点
小蒲	✓	能敲后面三个节奏点，但没有跟上乐曲节拍
小朱	自言自语	随意敲击
小罗	注意力不集中手上小动作很多	随意敲击
小彭	眼睛看向教室外面	随意敲击
小葛	随时下位	随意敲击

注："✓"表示学生具备该项前备能力。

笔者通过在康复训练课程目标评估统计系统搜索"学科融合"，确定在本课中要落实的学科融合目标为能辨别各种物体发出的声音及能听懂指令。

5. 教学目标（表21）

表21 唱游与律动教学目标

分组	学生	学科目标	康复训练课程目标	康复训练个别化目标
A组	小马	（1）能较长时间专注聆听音乐；（2）听老师唱节奏点用单响筒伴奏乐曲B段	（1）能辨别乐曲中小提琴和单簧管的声音；（2）听老师唱节奏点敲单响筒伴奏乐曲B段	在舞蹈中能以动作表达自己情绪
	小欣			在活动中维持身体协调，能积极地上台表演，学会调控紧张害怕的情绪
	小蒲			能积极地上台表演，学会调控紧张害怕的情绪

续表

分组	学生	学科目标	康复训练课程目标	康复训练个别化目标
B组	小徐	（1）能在老师督促下认真聆听音乐；（2）能听懂老师指令"123、准备敲"，能在老师动作提示下用单响筒伴奏乐曲B段	（1）能区别小提琴与其他乐器的声音；（2）能听懂指令"123、准备敲"，能在老师动作提示下敲单响筒伴奏乐曲B段	能用适当行为获取他人注意
	小左			建立规则意识，听指令坐在自己位置上
	小妍			能对他人沟通有恰当的响应，回应老师问好
	小黄			能对各种听觉刺激有反应，适应唱游律动课中乐曲的声音
C组	小葛	（1）在老师帮助下坐在自己位置上聆听音乐；（2）在老师帮助下按乐曲节奏敲单响筒	（1）在老师的帮助下感受乐曲；（2）在老师帮助下按乐曲节奏敲单响筒	与人互动时能关注对方，能在老师帮助下参与律动活动保持身体平稳
	小罗			与人互动时能关注对方
	小朱			与人互动时能关注对方
	小彭			能用安全、不干扰他人的方式调控自己的情绪

6. 教学重难点

教学重点：听辨乐曲B段中的节奏点。

教学难点：按乐曲B段节奏用单响筒伴奏。

7. 教学设计（表22）

表22　唱游与律动教学设计

教学内容及步骤	目标	学生	目标编号	基线	后测
1. 师生问好 集体问好，个别问好。 2. 引入 出示小提琴、单簧管图片请学生认一认，之后出示课题。 （1）播放乐曲，聆听乐曲。 播放乐曲时教师在黑板上画出图谱并请学生观察	（1）情感态度与价值观：感受用乐器表现音乐的美。	小妍	B	1	
	（2）过程与方法：调动多种感官听觉、知觉辨别乐曲节奏，再用乐器单响筒伴奏	小欣	A	2	

教学内容及步骤		目标	学生	目标编号	基线	后测
 （2）出示乐器图片请学生认一认，并请学生上台贴在黑板上。 3. 新授乐器伴奏第二段 （1）播放第二段，提要求；再次播放第二段，教师引导学生一起拍手拍出节奏（协助黄拍手） （2）复习节奏。 ①出示节奏图一。	A组 （1）能较长时间专注聆听音乐；		小马	A	3	
	（2）听老师唱节奏点独立用单响筒伴奏乐曲 B 段。		小黄	B	2	
②复习拍手打节奏。反复两次（请C组上台当小老师）第二遍唱出乐曲旋律 （3）复习单响筒敲节奏。 ①出示单响筒，请学生认一认。 ②请B、C组学生说一说乐器名称。 ③出示图二，教师示范用单响筒伴奏图二，第一遍边敲边唱出"哒哒哒，哒——哒——哒——"，第二遍边敲边唱出乐曲旋律。之后请一位 A 组同学当小老师，带着同学们一起敲单响筒	B组 （1）在老师督促下聆听音乐； （2）听老师指令"123，准备敲"在教师动作提示下用单响筒伴奏乐曲 B 段。 C组 （1）在老师帮助下坐在自己位置上聆听音乐； （2）在老师帮助下按乐曲节奏敲单响筒		小徐	B	2	
			小罗	C	1	

续表

教学内容及步骤	目标	学生	目标编号	基线	后测
（4）乐曲伴奏。 ①学习0.6倍速度 第一步，播放第二段乐曲（0.6倍速度）。 第二步，播放乐曲第二段。教师示范不喊口令，只跟着乐曲唱出节奏。 第三步，播放第二段乐曲。教师发出口令"123、准备敲"。乐曲每句间隔4个三拍子，教师在第三个三拍子发出口令，并唱出节奏。让全班学生练习。	—	小左	B	2	
第四步，播放第二段乐曲并组织分组练习。 请A组学生练习，教师不提示，当观众，请学生唱出节奏。		小蒲	A	3	
第五步，播放第二段乐曲，请B、C组学生练习。教师和学生一起发出口令"123、准备敲"。乐曲每句间隔4个三拍子，教师在第3个三拍子发出口令，并唱出节奏。 第六步，播放第二段乐曲，全班一起练习。教师站在B组前面，第一二句喊口令、唱节奏；之后教师站在A组前面，只唱第三四句节奏。		小葛	C	0	
②学习0.8倍速度。 第一步，播放第二段乐曲（0.8倍速度）。 学生尝试伴奏；第一二句教师喊口令，三四句只唱节奏。 第二步，表演。 播放乐曲第二段（0.8倍第二遍），请A组扮演小猫（戴头饰），B组伴奏。再播放乐曲第二段（0.8倍第三遍），请B组扮演小猫（戴头饰），A组伴奏		小朱	C	0	

续表

教学内容及步骤	目标	学生	目标编号	基线	后测
4. 完整表演乐曲 请学生上台表演。 5. 总结 师："《跳圆舞曲的小猫》这首乐曲好听吗？今天我们一起学习了用单响筒伴奏《跳圆舞曲的小猫》第二段，同学们都敲得很好听，你们觉得还可以用什么乐器来伴奏更好听呢？下节课我们一起来试试吧！"	—	小彭	C	0	

注：0 表示完全不会；1 表示偶尔会，大部分需他人照顾；2 表示部分会，需部分照顾，偶尔需动作协助；3 表示大部分会；偶尔需照顾，只需语言提醒；4 表示全会，达到需要能力，不需提示，能独立完成。

8. 教学成果

本节唱游律动课将康复训练课程目标与唱游律动课程目标有机结合，教师在设计教学环节时，注重康复训练课程目标的实施。例如：在请学生聆听乐曲时，要求学生分辨出小提琴和单簧管的声音。引导 A 组学生辨别两种乐器声音，并说出乐器的名称；B 组学生在提示下区别两种乐器的不同声音。在优美的乐曲声中，同学们完成了第一个康复训练课程目标《辨别各种物体发出的声音》。

在学习用单响筒伴奏 B 段环节，融入康复训练课程目标《听懂指令》，教师发指令《123，准备敲》。学生在老师的指令下，按照乐曲的节奏用单响筒伴奏。同学们参与的积极性都很高，不仅实现了唱游律动课程目标，也实现了康复训练课程目标。

（六）绘画与手工

《课程标准》中将绘画与手工课程界定为培智学校义务教育阶段的一般性课程，绘画与手工课程作为一门人文性、视觉性、活动性、愉悦性并存的课程，其在培智学校义务教育中的重要性日益突显。在绘画与手工课堂上，学生能够通过观察和感知，将心中的感受表达出来，达到情感宣泄和心理治愈的效果。同时，在绘画与手工课程中，教师也可以通过观察学生的创作过程和作品，了解学生的内心世界和状态，及时发现和解决他们的心理问题，进一步促进他们的身心健康。

在培智学校的绘画与手工教学中，应该注重学生的亲身体验和感受，尊重他们的差异和特点，充分挖掘他们的审美创造潜能。教师应该积极探索适合学生实际情况的教学方法，如情境教学、体验式教学等，引导学生积极参与课堂活动，提高他们的学习兴趣和积极性。同时，教师还应该注重学生的实际需求和兴趣爱好，为他们提供多样化的创作材料和主题选择，让他们在创作过程中感受到成就感和快乐。

在绘画与手工课教学中，如何设计出有针对性的康复训练内容，以实现学生适应生活、融入社会的目标呢？

培智学校每个学生都有不同的障碍程度和类型，因此需要针对学生的具体情况，制定适合他们的康复训练内容。例如，对于一些动手能力较差的学生，可以重点训练他们的手眼协调能力，通过剪纸、拼图等手工活动来提高他们的手部精细动作能力。

绘画与手工课是一门充满实践性的科目，学生需要用双手去探索，去创造，才能掌握其中的技能。因此在教学中，应注重实践操作能力的培养，引领学生主动参与亲自动手。同时，还需注重动作训练，通过各种动作练习，提高学生的身体协调性和平衡性。

美术教育不仅是一种技能培养，更是一种美的教育。在教学中应注重培养学生的审美能力，应全方位、多维度引导他们发现美、感受美、创造美。同时，还需要注重内在情感与外在形式的统一融合，通过绘画和手工活动来表达学生的内心情感和思想，实现其价值与意义。

在绘画与手工课教学中，应注重学生的综合体验，通过各种感官的刺激来提高学生的学习效果。例如，可以通过让学生听音乐、观察大自然等方式来激发他们的创作灵感。同时，注重学生作品的展示和评价，让学生了解自己的学习成果和不足之处，从而更好地提高自己的技能水平。

通常绘画与手工课程设置了四个具体内容，包括欣赏、材料认知、教学目标和制作步骤。在康复训练部分，主要关注基本手部动作的训练，如指点、抓握、摆放、敲击、按压、揭开和扭转等，以及感知觉训练。利用康复训练课程目标统计分析系统对学生康复训练评估进行分析，评估结果作为开展康复训练的基本依据，在综合评估的基础上，选择合适的绘画手工康复目标，并制订系统性、针对性的绘画与手工康复训练计划和康复方案。

以绘画与手工课"正是油菜花开时——棉签水粉画"为例，笔者设置了适合培智学校高段学生学习的教学目标与康复目标，把康复目标渗透到每堂课中。

1. 学情分析

笔者实践对象为培智学校八年级学生，该年级学生的年龄属于高年级段，绘画与手工是他们感兴趣的活动之一，对不同的材料和美术工具的使用，已有了一定的掌握，对事物的形与色有了一定的了解，在前期的课堂活动中，能根据自己的感受用材料、颜色、色块来大胆地、自由地表现。他们对美的事物很感兴趣，有初步感受美的能力，在创作过程中，能把常见的物体制作成画作，把美的东西展现出来；但他们注意力集中的时间较短，动手能力较弱。

2. 教学及康复目标（表 23）

表 23 "正是油菜花开时——棉签水粉画"教学及康复目标

教学目标	知识与技能	（1）欣赏油菜花的图片，感受油菜花的形态美与色彩美； （2）引导学生运用点画的技法表现美丽的油菜花
	过程与方法	通过学习点画技法，用棉签蘸取颜料点画作品，引导学生体验水粉画艺术，培养学生的动手能力
	情感态度与价值观	体验创作的乐趣
	A 组：能够掌握点画基本制作技法，完成作品。 B 组：能够口头提示下完成，棉签蘸取颜料点画的动作，点到正确的位置并完成作品。 C 组：能够在动作辅助下完成棉签蘸取颜料拓印的动作。 D 组：感受课堂气氛，体会棉签点画的乐趣。	

康复目标	1. 4. 2. 2 完成抓握动作 1. 4. 2. 5 完成按压动作 1. 7. 4. 3 能使用印章工具蘸取颜色，在指定范围能印画

3. 教学设计理念

（1）根据《课程标准》绘画与手工学习领域中"造型·表现"学习领域说明，"造型·表现"是指运用多种材料和方法，表达情感和思想，体验造型乐趣，逐步形成基本造型能力的学习领域。在本学习领域中是运用绘画以及泥塑、拓印、拼贴等手工制作的手段和方法，表现视觉形象的活动。

（2）在教学过程中，引导学生主动探索各种造型方法，通过观察、讨论的方式，欣赏学生感兴趣的美术作品，关注学生美术作业的结果，重视学生在活动中参与和探究的过程。让学生体验活动的乐趣，产生对美术学习的持久兴趣。

（3）绘画与手工的动作涉及肩膀关节运动和运用手肘、手腕及手指关节的运动。在一系列的活动中学生用眼睛观察、动脑思考、双手参与，这对他们的手部肌肉的发育、各种动作的协调发展，起着促进作用。能帮助他们通过视觉、触觉、动觉之间的配合，锻炼手部小肌肉动作的协调性、灵活性，提高形象思维的能力和形成立体概念。

总体来说，要结合培智学校学生的身心特点开展绘画与手工课程，融入康复目标的实施，帮助改善和提高手部精细动作、沟通与交往、情绪与行为等功能障碍，促进和提升其全面发展。

4. 教学重难点

（1）教学重点：初步感受油菜花的形态美与色彩美；学习使用蘸取颜料点画这一技法，创作简单的作品。

（2）教学难点：能使用棉签蘸取颜料拓印在正确的位置。

5. 教学设计（表24）

表24　"正是油菜花开时——棉签水粉画"教学设计

教学环节	教师活动	学生活动	设计意图
导入环节	1. 视频导入 （1）展示一些油菜花的实物图片，视频，请同学观看并提出问题。 师："同学们，你们认识这种花吗？春日里，哪种花最受人们喜欢呢？那自然非油菜花莫属了。 瞧，田野里是一片金黄色的海洋，油菜花开了，随着春风轻轻拂面，散发着阵阵的清香，真是沁人心脾。现在和老师一起来了解这些漂亮的油菜花吧！" （板书：正是油菜开花时——棉签水粉画） 2. 引入主题 （1）展示示范画，请学生观察范画中的花长什么样子的。 （2）小结：油菜花四片花瓣，整齐地围绕着花蕊，朴实个性。花瓣十分精致，有细细的纹路，中间的花蕊弯曲着凑在一块，仿佛在说着悄悄话呢。它还有坚韧的根茎，茂密的叶子。油菜花的茎是直直的，呈圆柱形态，茎绿花黄，花朵呈十字形排列，花片像宣纸，嫩黄微薄。 （3）师："看了这幅作品，你们想知道是怎样做出来的吗？今天我们就来学习点画技法，并制作一幅油菜花。"	观看视频，赏析图片，思考图片中的花是什么样，了解点画，了解制作材料	以视频导入，激发学生的学习兴趣。初步学习点画，了解本堂课需要用到的工具材料
导入环节	（4）师："先一起来看看要用到哪些材料吧。" （5）介绍材料和工具：棉签、水彩纸、颜料、盘子。教师边讲解边播放PPT	—	—

续表

教学环节	教师活动	学生活动	设计意图
新授环节	1. 图片讲解步骤 师："我们了解了点画和制作材料后，一起来看看是怎样制作的吧。" 播放 PPT 图片，讲解制作步骤： （1）用大拇指和食指拿起棉签； （2）在调色盘中蘸取适当的颜料（黄色）； （3）找到需要点画的位置，按压棉签； （4）反复多次按压直至画面填满； （5）完成作品。 2. 教师示范 教师作画步骤并再次讲解，每一步都请同学跟做，并强调： （1）少量多次蘸取颜料； （2）花朵点画时要注意疏密关系； （3）注意保持画面整洁。 3. 学生示范练习 让学生蘸取颜料拓印，教师从旁辅助	仔细观察制作步骤，初步掌握康复目标	（1）以图片示范帮助学生理解制作步骤，以实际操作示范制作步骤，以增强学生记忆。 （2）学生示范练习时应再一次突出教学重点，让学生能够理解制作步骤
完成作品	1. 尝试创作 （1）分发材料； （2）学生完成创作，教师巡视指导。 2. 作业要求 完成一幅油菜花棉签点画作品	学生自主创作，大胆表现。完成三个康复目标的练习	在学生创作过程中，教师从旁辅助指导
展示欣赏反馈评价	（1）把作品依次贴在黑板上。 （2）请学生给自己喜欢的作品贴上旗子。 （3）请学生说一说自己创作感受。 （4）教师小结	（1）引导学生进行欣赏、评价。 （2）让学生能在帮助下完成不同的情境下适当地表达自己的情绪这一目标	评价是树立学生绘画自信心，促进成长的有效手段。这一环节对绘画多元化的评价，能有效地保护学生绘画积极性，培养其绘画兴趣，同时也能有效地发展良好的审美观
课堂总结拓展延伸	1. 欣赏作品。 2. 学生课后在家可以在家长的帮助下制作作品。	家庭作业。	学生对美术的欣赏和认识，享受自己创造成功的喜悦。

6. 教学成果

融入康复目标的绘画与手工课程，可以帮助培智学校的学生改善和提高手部精细动作、沟通与交往、情绪与行为等功能障碍。这将为他们未来的全面发展打下坚实的基础，使他们能够更好地融入社会生活。同时，这些课程还可以增强学生的自信心和自尊心，帮助他们成为更有自信的人。

本节课在评估基础上，设置棉签点画的教学内容、教学目标与康复目标。

在新授环节中，教师先详细解析蘸取颜料这一动作在学生操作中的难点，以图片展示分解步骤同步配以提示语"少量多次蘸取"等，确保每位学生都能清晰地理解。通过这种教学方式，融入康复目标中的抓握和按压动作。

同时在学习的过程中，教师与学生，学生与同伴之间形成互动绘画、作品分享等言语沟通康复形式。通过这种互动和合作，学生们在完成艺术创作的同时，也在社交技能上取得了进步。

本节课同学们参与的积极性很高，不仅使不同水平学生在相应难度层级获得了成功的体验，而且改善和提高了手部精细动作、沟通与交往、情绪与行为等能力。

（七）运动与保健

培智学校运动与保健课程中渗透康复训练课程目标的实践探索。

运动与保健是《课程标准》中规定的一般性课程。笔者抽查了 10 所培智学校课程开设情况，发现运动与保健课程开设率为 100%，康复训练课程（选择性课程）开设率为 33%。康复训练课程开设率低，主要原因在于康复专业师资缺乏。为了能在康复专业师资匮乏的条件下落实《课程标准》中康复训练课程目标，尝试探索将康复目标融入运动与保健课堂教学的模式。

笔者以运动与保健课程中篮球传球的教学为课例，探索如何将运动与保健课程与康复训练课程做到有机融合。

1. 学情分析

笔者实践研究对象为培智学校八年级学生，期中患孤独症 5 人、脑瘫

3人、唐氏综合征1人、智力障碍2人，共11人。根据《课程标准》康复训练课程中粗大动作和感知觉训练的内容，笔者针对篮球传球教学进行了学生的前备能力测评。康复训练课程目标评估统计系统显示，其中8名学生有视觉追视，3名学生无视觉追视；7名学生对视觉范围内对出现的人或物有反应，4名学生无反应。在篮球运动方面9人能双手向上抛接球，9人能原地双手拍接球，7人能单手连续拍3个以上球，7人能移动拍球，10人能在间隔1米距离远抛接球，2人能在胸前近距离（间隔1.5米左右）传球。

2. 教学目标及康复目标（表25）

根据《课程标准》中运动与保健课程内容学习目标，笔者在做好学生的测评与分析后确定运动与保健课课堂的教学目标，将学生进行能力分组并确定每个能力组在本课堂中达成的知识与技能目标。

笔者根据学生对篮球技能掌握情况和康复目标评估结果，以学科渗透的理念，确定了本课的康复目标。本节课，教师根据学生对篮球技能掌握情况和康复目标评估结果，将学生分成A、B、C三组。

A组学生：小徐。

B组学生：小马、小左、小罗、小妍、小欣、小雯、小黄。

C组学生：小葛、小朱、小彭。

表25 篮球传球教学目标及康复目标

	知识与技能目标	情感目标	康复目标
A组	让学生了解传球技术在篮球运动中的重要性，学会掌握篮球近距离胸前直线传球技术动作，并能实际运用	培养和激发学生对篮球运动的兴趣和爱好	提高学生手眼协调能力
B组	让学生了解传球技术在篮球运动中的重要性，在提示下学会篮球近距离胸前直线传球技术动作，并能在老师语言或动作提示下实际运用		（1）提高学生视觉追视和视觉反应能力；（2）提高学生手眼协调能力
C组	让学生了解传球技术在篮球运动中的重要性，能在帮助下感知篮球近距离胸前直线传球技术动作		改善学生视觉追视和视觉反应能力

3. 教学重难点

（1）教学重点：持球手法和传球动作技巧的教学。

（2）教学难点：正确的用力顺序，全身的协调配合。

注意：不让学生佩戴笔和金属物品等，避免运动伤害。

4. 教学设计

如何在运动与保健学科中渗透康复训练目标，教学设计尤为重要。根据学情分析、教学与康复目标，选择恰当的教学方法和干预策略，才能更好地达成教学目标。以篮球传球教学为例，教学设计见表26所列。

表26　篮球传球教学设计

教学内容及步骤	目标	学生	目标编号	前评	后评
1. 导入 （1）学生排队，师生问好，师介绍今天的活动内容。 （2）教师带着学生听着音乐做热身球操。 2. 新授与练习 （1）复习篮球原地接球动作技术。 动作要领：双臂前伸，掌心相对"迎球"；接球后双臂弯曲后引球。 教法：教师示范、讲解，教师与学生一对一进行练习接球。 学法：学生认真听，仔细观看；学生与教师配合进行练习接球。 组织队形如下图。 ★　★　★　★　★　★——学生 　　　　　▲——教师 ★　★　★　★　★ （2）学习篮球胸前近距离传球（间隔1.5米左右）。 动作要领：左右脚前后站，双手持球于胸前；后脚蹬地，双臂前伸，翻腕，拨指直线传出球。 教法：教师示范、讲解，教师组织学生进行徒手练习传球动作；教师生进行传接球练习；教师组织学生传接球练习，并巡视纠错	目标a：知识与技能。让学生了解传球技术在篮球运动中的重要性，学会掌握篮球近距离胸前直线传球技术动作，并能实际运用	小徐	a	3	
			b	2	
			c	2	
		小马	a	2	
			b	2	
			c	2	
		小左	a	2	
			b	2	
			c	2	
		小罗	a	2	
			b	2	
			c	2	
		小妍	a	2	
			b	2	
			c	2	

教学内容及步骤	目标	学生	目标编号	前评	后评
学法：学生认真听，仔细观看；学生模仿练习每人3～5次；学生与老师练习传接球3～5次；学生与学生合作练习传接球3～5分钟。 （3）巩固练习：原地胸前近距离传球快速跑捡球。 动作要领：学生站成一个纵队，最前面的学生用胸前传球动作技术将球传给老师；下一位学生原地接老师传过来的球，再往自己正前方传出去；再下一位学生快速往前跑捡传出的球，学生捡到球后跑到队伍最后面排队。 教法：教师讲解活动规则并示范；组织学生练习（教师接球队形的图一，学生接球队形如图二） 学法：学生认真听活动规则；听指令进行练习。 	目标 b：情感目标。培养和激发学生对篮球运动的兴趣和爱好。 目标 c：康复目标。具有视觉追和视觉快速反应能力，能正确地传接球，提高手眼协调能力	小欣	a	2	
			b	2	
			c	2	
		小雯	a	2	
			b	2	
			c	2	
		小黄	a	2	
			b	2	
			c	2	
		小葛	a	1	
			b	1	
			c	1	
		小朱	a	1	
			b	1	
			c	1	
3. 总结 （1）集合整队—放松活动。 （2）学生谈一谈自己的感觉—教师小结—收还器材—师生道别		小彭	a	1	
			b	1	
			c	1	

图一

图二

注：0 表示完全不会；1 表示偶尔会，大部分需他人照顾；2 表示部分会。需部分照顾，偶尔需动作协助；3 表示大部分会，偶尔需照顾，只需要语言提醒；4 表示全会，达到需要能力，不需提示便能独立完成。

5. 教学实施

教师根据教学设计选择的教学方法和策略，运用精简、准确的语言和形象的肢体动作，实施常规课堂教学，同时注重个别化的教学。教学中观察学生在学习过程中的反应，结合教学目标，做出灵活性调整，从而能更好地完成教学任务。

如新授部分，教师对传球动作用了四字诀——"蹬""伸""翻""拨"，并用肢体动作来呈现传球动作。对 B、C 组的学生，在学习过程中观察他们的练习情况，实时地提供动作或语言提示，支持每一位学生都能学会传球并加以运用。在学习传球动作时，对 A 组学生采用示范和讲解方法；对 B 组学生，除了让学生观看倾听教师的示范讲解外，教师还直接运用肢体动作和语言让学生感知传球动作全过程，再鼓励学生尝试独立去体会动作，完成传球动作；对 C 组学生，教师手把手带动下去感知传球动作。

在巩固练习部分，教师根据教学目标和学生学习情况进行分层，灵活地做出任务难度的调整，如调整传接球两人之间的距离，以及传球的力度和速度，让每一位学生都能在自己能力基础上得到发展和提高，增强学生的自信心，从而提高学生课堂参与的积极性，圆满地完成教学任务。

6. 教学成果

本节课以"勇敢尝试 争取胜利"特奥精神为指导思想，以《课程标准》中的"运动与保健""康复训练"课程目标为指引。通过教师讲授传球技术，学生实践学习，让学生感悟传球动作技巧，体验传球的乐趣，提高学生的学习兴趣，让学生自主、积极参加运动。

教师运用多种形式的教学让 A 组学生了解传球技术在篮球运动中的重要性，学会掌握篮球近距离胸前直线传球技术动作，并能实际运用；让 B 组学生了解传球技术在篮球运动中的重要性，在提示下学会近距离胸前直线传球技术动作，并能在提示下实际运用；让 C 组学生了解传球技术在篮球运动中的重要性，能在帮助下感知近距离胸前直线传球技术动作。教学过程中老师针对不同学生给予不同的帮助，让每一位学生都能在自己能力的基础上得到提高，达到了教学的目标，教学效果较好。

第三节　家校社协作

一、家校社协作国家政策要求

《中华人民共和国残疾人保障法》修订时（2008 年 4 月 24 日）提出：各级人民政府和有关部门应当采取措施，为残疾人康复创造条件，建立和完善残疾人康复服务体系，将现代康复技术与我国传统康复技术相结合；加强康复新技术的研究、开发和应用，为残疾人提供有效的康复服务。2014 年 11 月，中国残联和民政部联合出台《关于支持助残社会组织发展的指导意见》（残联发〔2014〕66 号），对各级残联和民政局在推进政府购买服务、加强规范管理等方面的工作提出了具体的指导意见。明确要求强化基础管理建设，充分发挥民政部门社会组织管理信息系统和各级残联助残社会组织统计台账信息系统作用。2015 年 10 月，教育部发布《教育部关于加强家庭教育工作的指导意见》（教基〔2015〕10 号），明确了家庭教育中家长的主体责任，倡导充分发挥学校在家庭教育中的重要作用，加快形成家庭教育的社会支持网络。2017 年 7 月，教育部联合七部门印发《第二期特殊教育提升计划（2017—2020 年)》（教基〔2017〕6 号），提出建立由教育、心理、康复、社会工作等方面专家组成的残疾人教育专家委员会、健全残疾儿童教育安置办法、建立部门间的信息交流共享机制、支持特殊教育学校建立特殊教育资源中心、提供特殊教育指导和支持服务；普通学校和特殊教育学校责任共担、资源共享、相互支撑，进一步提升残疾人教育康复水平。2021 年 7 月，国务院印发《"十四五"残疾人保障和发展规划》（国发〔2021〕10 号），要求提升残疾人康复、教育、文化、体育等公共服务质量，完善残疾人基本康复服务目录，继续实施精准康复服务行动，提升康复服务质量；建立学校、家庭、社会协同育人机制；加强特殊教育师资队伍建设，创新培养方式，以确保残疾儿童得到有效的康复服务。

二、家校社协作理论基础

（一）协同理论

协同理论由德国物理学家哈肯提出，该理论从物理学、化学、生物学和社会学的角度揭示了一个系统中的许多子系统的合作，并实现从无序到有序转变的共同规律。该理论认为系统中各要素存在相互制约、相互协调的关系，系统内各要素协同下产生超出各要素本身的力量，并在宏观上实现从非稳定到稳定的转变，或实现从旧组织向新组织的转化。

协同理论为家校社合作共育提供了重要的理论支撑，家庭、学校和社区作为三个不同社会属性的教育力量；只有相互合作、发挥协同效应，才能使三方教育力量从无序走向有序，实现教育效益的最大化。协同理论的应用不仅体现在教育领域家校社之间的合作，也体现在教育各系统之间的相互制约和合作。

（二）"社会生态系统"理论

布朗芬伦纳认为环境不只是包含家庭、朋友等一般情况下较为熟悉的群体所在的情境，在个人与环境的这种双向互动中，还包括更大的情境，即社区和社会系统。扎斯特罗是现代"社会生态系统学说"的代表性人物之一，是现代"社会生态系统学说"的正式提出者。他认为，在个人和环境之间的相互作用中，个人并非被动地对周围环境进行反应，而是积极地和这些环境互动。他将人的"社会生态系统"划分为三个系统：一是微观系统，即社会中单个个体；二是中观系统，是指较小型的社会人群，包括了家庭、职业人群以及其他的社会群体；三是宏观系统，是指比较小型人群更大一些的人群体系，如教育、社会、经济组织等组织体系。上述三大系统总是处在相互影响和作用的大环境之中。在社会生态环境中，通过微观系统和中观系统互动，自身的经济活动有可能会受到自身的工作群体以及个人组织的一些较小型团队的干扰；反之，个人行为对以上网络体系就会造成很大的干扰。在互动过程中，社会活动的情境会在人的生活中交替出现，并不断地相互作用从而改变人的活动。

"社会生态系统"指出，学校、社会和家庭之间是彼此关联依存的。

（三）"重叠影响"理论

"重叠影响"理论认为家庭、院校与其他组织对在传播知识及组织教学方面对学生起到的作用是叠加的。"重叠影响"理论的出现，改变了人们对家庭教养与学校的影响力是依序的这种传统的认知观念。学校应该积极设法把家庭教育对学校的影响力引入整个学校育人的过程中来。例如，家庭、学校和社区的合作教育实践中，学生的所见所闻、体验与思考，同社会、自然的交互，就是自我学习、发展、提升的一种形式，需要家庭、学校和社区发挥教育合力，将其转换为学生成才的发展资源，最终为社会赋能。"重叠影响"理论要求我们在以下两个方面努力建构协同教育体系：一是完善家校合作制度，包括采用家长会、家访、家庭教育开放日等传统方法，也包括通过手机、互联网等媒介搭建起的家庭共育平台等新型方法；二是建立社区共育制度，旨在利用社会资源为学校教学过程、家庭教育活动和孩子的学习提供条件。在此情况下，教师、家长要秉承积极的合作态度，主动与社会形成共生关系，共同构筑教育服务。

三、家校社协作概念

关于家校社协作的概念，国内外学者有着不同的认识和理解。《国际教育百科全书》中阐述了家校社协作的概念，即它是一种协作行动或关系。这种合作积极主动地将学校教职工、家长、家庭、社区成员和社区内的各种组织作为平等和相互依靠的合作者召集在一起，共同计划、协调并实施合作项目和活动。这些活动在家庭、学校和社区开展，帮助学生提高其在学业、情感和社会性等方面的成功率。美国学者爱普斯坦教授认为，"学校、家庭、社区合作伙伴关系"更能体现家庭、学校、社区在儿童接受教育和成长过程中所共同具有的利益、共同承担的责任、共同投入的时间和精力及对儿童产生的重叠的影响。

吴志宏编写的《新编教育管理学》中对学校、家庭与社区协作的基本内涵做了如下表述：学校、家庭与社区协作是指为了共同教育的目的，形成和保持良性的社会协作关系，家长（社区）参与学校进行素质教育活动的各种工作，相互支持并对学生的发展方向抱有同向期待的协作育人活动。

而有些学者却认为家校社协作指的是家庭、学校和社区的合作，认为个体成长受到社会环境的影响，但个体成长的空间相对来说主要在于个体所生活的区域范围。

《中华人民共和国家庭教育促进法》中提到，"各级人民政府指导家庭教育工作，建立健全家庭学校社会协同育人机制"。该法律条文明确了家校社协同育人包含对家长家庭教育的指导，同时也明确了家庭教育促进工作应该以政府为主导。另外，在该法律条文中所提及的"社会"概念明显超出了"社区"的范畴；第四章社会协同部分提到的社会责任主体主要包括社区、新闻媒体、公共文化服务机构、学校及其他教育服务机构。由此可见，家校社合作共育主要还是在家庭、学校和社区之间，但三者之间的协同需要政府的主导。

笔者结合原有研究概念，将家校社的概念归纳为围绕学生的发展，基于相同的教育理念、目标，学校、家庭、社区作为平等和相互依靠的合作者集合在一起，共同计划、支持、协调并实施教育康复活动。学校支持包括在学校实施的各科课程与学生活动，家庭支持包括家长带领学生参与、体验、实践的居家活动与社区活动，社区支持包括残联、民政、医疗、康复机构等社会机构对学生开展的医疗、康复、社会活动等。三方的和谐共生通过可持续协作，达到育人目的。

四、家校社协作模型

学校、家庭、社区的时空分割是客观的，而互联网作为连接世界的工具，可以将学校、家庭、社区连接成网络化的组织形式，实现教育活动协同，从而更好地开展特需学生康复训练。有研究者指出，"网络组织能够利用协同机制中的依赖与互补原则，通过合理分工，使合作主体承担不同的任务，形成多样化整体性的协同目标，高效地配置与整合资源"，这为构建学校、家庭、社区协作网络指明了方向。

武侯区特殊教育资源中心管理系统 2.0 的开发有效解决了学校、家庭、社区三个独立单元难以协调的问题，此系统将三者进行有效的连接，形成以学生为中心、以2.0系统为媒介的家校社协作提升康复质量的新模型（图5）。该系统利用互联网将学习任务与学习资源共享，实现学校、家庭、社区在线上、线下关系的一体化，创新三者的协作方式，提升康复质量。该模型的运作机制如图6所示。

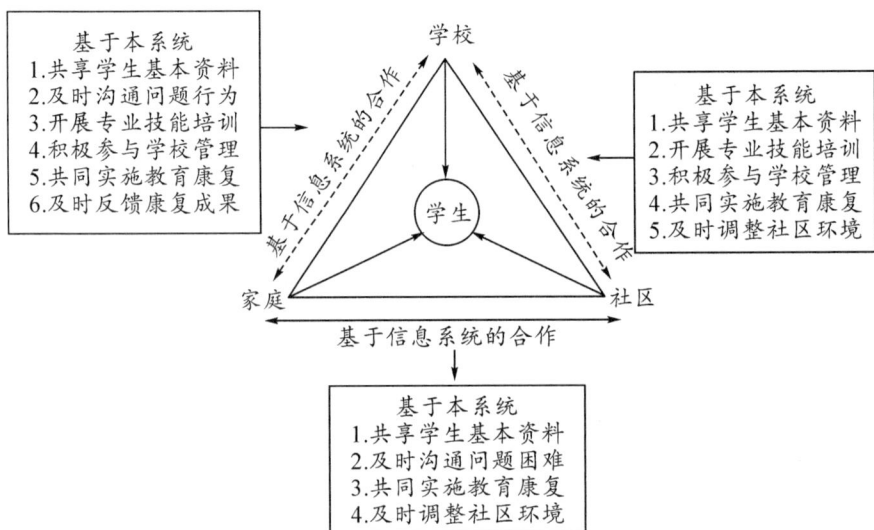

图5　家校社三方协同育人机制

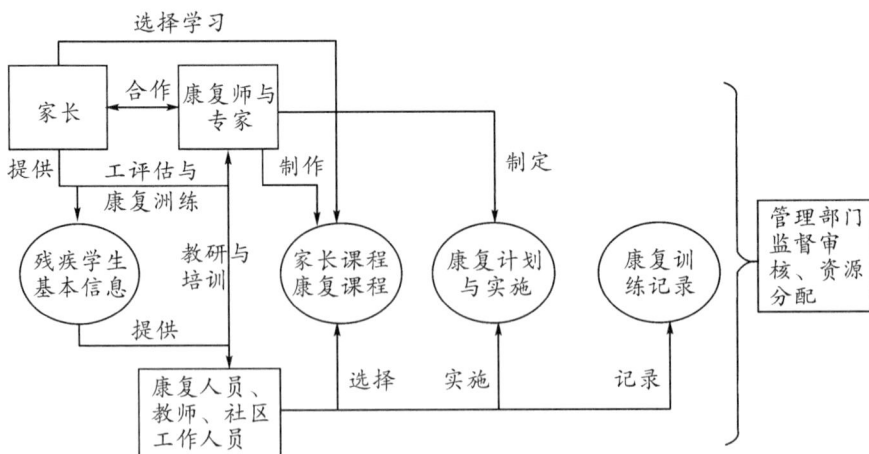

图6　模型运作机制

根据该系统的要求，首先，家长同社区工作人员、班级老师一起向管理部门提供特需个案及家庭的基本情况、缺陷诊断、评估记录、个别化康复计划（包括家庭支持、康复计划等方面的内容）等材料，并上传至系统形成个人档案，便于随时查阅，了解教育康复成效。其次，家长、班级老师、康复人员、社区工作人员可通过系统的咨询板块，获得在安置、课程及教学方式调整、问题行为处理等方面科学专业的咨询服务；在资源板块等部分设专家讲座，可以让浏览者了解国内外教育康复前沿知识，学习教育学、心理学、行为分析等课程，提升专业技能。再次，各方在教育康复过程、家庭生活中遇到特需学生难以解决的问题时，可通过系统与专业人士及时进行沟通解决，共同探讨所需要的支持与服务。家长、老师、社区工作人员等将所获得的策略与方法进行实践，并及时反馈孩子的表现、情绪、练习成效等数据，为特需孩子制订下一步计划或方案提供参考。

该系统的运用使得各方均得以平等参与特需学生教育康复的全过程，确保在教育康复过程当中的知情权、参与权与监督权，消除在家校社协作过程当中的"权威主义"倾向，实现各方良性互动。同时规范各方权责，明确在家校社合作中的职责，建立有效的家校社协作机制。

五、家校社协作实践

在构建家校社协作育人共同体的过程中，武侯区特殊教育学校以学生成长为中心，围绕教育康复的主题设计了家校社协作育人共同体教育体系。

（一）家长

《中华人民共和国教育法》规定，未成年人的父母或者其他监护人应当为其未成年子女或者其他被监护人受教育提供必要条件，应当配合学校及其他教育机构，对其未成年子女或者其他被监护人进行教育。可见家校社协作既是国家的强制性规定，也是各方共同的需要。笔者调研的学校要求新生家长在入校后将学生的各项资料（医学诊断证明、残疾证、在校外进行的康复训练内容等）提交给班级老师，老师将获取的资料上传至信息化平台，便于各学科老师、教育主管部门进行管理与参考。同时班主任老师会运用评估手册对学生进行评估，根据评估结果邀请学科老师、家长召开工作会，明确该名学生的康复目标，制订康复训练计划，落实各方责任。教师会定期将学生的发展规划、教学计划、开展的活动、教师教育教学情况等上传信息平台。根据前期评估的结果，儿童的康复目标会在系统中呈现，学校各科的学科融合康复训练的内容也会及时上传平台，家长可通过该系统了解孩子进行正在进行的康复训练活动。班主任老师会根据孩子的康复现状同家长沟通，指导家长将学校中学习的康复训练内容融入日常生活。

以该校学生小 Z 为例，小 Z 为一名患有脑瘫伴随智力障碍的孩子，在手部和双腿的活动上存在明显的限制。小 Z 除在学校进行学习以外，也一直在校外康复机构进行康复训练，小 Z 的主要照顾者为外婆。外婆承担起了孩子的日常生活起居、学校陪读、接送孩子的工作。但外婆年事已高，做很多事情已经力不从心，同时小 Z 未来也需要独立，要能够照顾好自己。根据评估的结果，小 Z 的康复目标被确定为精细动作——手部能完成指点、抓握、摆放、敲击、按压、揭开、扭转等基本动作，同时结合家长的实际需要，确定孩子主要的家庭康复活动为通过劳动来进行练习。在学校中小 Z 学习了如何进行擦桌子、摘菜，外婆便在家里带领小 Z 练习。最初，出现了小 Z 不愿意做、做不好、发脾气的情况，家长将这一情况及时通过系统反馈给了班主任，班主任通过和资源中心专家老师沟通，为小 Z 开展了情绪专题培训，并教给家长处理方法。在一系列的活动后，小 Z 学会了多种劳动技能，能够帮助外婆洗菜、择菜、收拾碗筷了。同时老师和家长也同社区进行沟通，帮助小 Z 有一个安全接纳的环境，小 Z 可以和外婆每天到社区的超市、菜市场买菜，帮助外婆拿一些物品。小 Z 现在已经能够较好适应周围的生活环境了。

（二）学校

笔者调研的学校基于《课程标准》开发了康复训练评估系统，通过专家评议、试用反馈等方法验证了系统的科学性与实用性。教师能够通过评估系统对学生进行评估并根据评估结果明确班级的集体康复目标，同时针对部分有更多需求的学生制订个别化的康复目标。

该校根据日常教学内容积极和家长进行合作，采用家长学校、团体辅导等形式。每周二及周六上午定期组织家庭教育指导服务和实践活动，提升家长的家庭教育能力，从而使家长能够配合教师将康复内容内化于日常生活之中。同时，通过网络与信息化平台及时和家长沟通，及时解决问题，为家长提供支持。

该校积极同残联等教育主管部门进行合作，通过信息化平台上传学生信息，便于进行管理和监督。同时，通过主管部门和社区、家长进行沟通，为学生提供社会适应和职业训练的场所。

例如，小D是在3年级从普通学校转入该特殊教育学校的，他患有孤独症并伴随智力障碍。在临近毕业前，老师、家长根据小D的能力现状分析，认为小D的职业规划应该偏向于较为简单、重复性较强的工作；同时，小D本身在肢体上无明显障碍，因而可考虑做餐厅服务员和洗车工人。学校将情况反映给残联和社区请求支持，在社区的帮助下小D进入一家洗车公司实习。通过半学期的实习，小D很喜欢工作，工作期间情绪稳定，能够按照要求完成日常工作。经过综合考虑，小D毕业后选择进入这一企业工作。并且在小D毕业后，学校、社区也在一直关注他的生活情况，不时前去了解，如今小D已经工作几年了。

（三）教育主管部门、残联、康复机构、社区

教育主管部门、残联通过武侯区特殊教育资源中心管理系统能够实现自上而下的管理，关注到区域内机构的参与水平、区域儿童的基本信息、康复人员参与热度、课程研发的科学性及规范化、儿童康复训练成效等。教育主管部门可依据平台可视化数据考察该区特殊教育覆盖情况（如课程建设、特殊群体及康复人员的区域和年龄分布等），对资源进行科学分配，同时协调社区、各类康复机构为特需学生提供适合的康复训练，对接企业为学生提供社会实践的场所和机会，为学生进行职业情况的介绍和社会生活技能等方面的培训。

康复机构通过该信息系统和学校进行配合，机构的教师和康复师可通过家校社协作信息系统相互配合，基于同一目标开展针对特需学生的康复训练。

家长、学校、社区三者相互协调，帮助孩子建立一个包容的生活环境，拓展教育领域和空间，共同支持孩子的发展。

以下为一名学生在社区中进行适应的案例。小 J 是一名患有脑瘫伴智力障碍的学生，7 年级时，由普通学校转入特殊教育学校，对学校周边环境较为陌生且性格较为内向，不愿和其他人沟通，缺乏社交的技巧；其他同学邀请他玩，他也不知道如何进行回应，常常自己在教室里呆坐着；假期时他也常常待在家，不愿出去玩。班主任在和家长进行沟通后，确定了"能够加强学生的社交技巧，在学校和同学进行玩耍，同时在社区环境下能够运用社区的各类设施，参与社区活动"的康复目标。在学校中的生活适应课、运动保健课、唱游律动课、绘画手工等课程中，教师积极鼓励小 J 表达、分享、合作练习。同时学校积极同学生所在社区进行沟通，给社区居委会、物管等普及相关知识，共建融合的环境。经过一年的配合，小 J 在学校中已经找到了很好的伙伴，能够在课间和同学一起玩耍，在周末和下午放学时和同学一起回家、一起锻炼、一起购物，能够基本适应学校、社区的生活，性格也更开朗了，还和同学一起组队参加社区的歌唱比赛。

六、基于信息系统的家校社协作实践成效

（一）改善家校社协作各方对教育康复的认识和理解

信息平台将云计算、大数据、人工智能 AI、物联网、区块链、5G 等新技术进行了融合，将全区所需要服务的特需学生的基本信息、不同阶段的缺陷诊断和评估记录进行整合，形成学生的成长档案袋，建立及公示家校社协作的制度，明确各方职能，行使自身权利，规范各方权责，实现信息的快速传递，各方自然参与到特需学生的康复全过程中。家长对学校的满意度和信任度得到了提高，家校之间的关系更加和谐融洽。

（二）整合资源创新家校社协作方式

信息平台增加了家长、社区人员协作的方式，它能管理个案信息，进行专业学习、专业咨询，将家校社三方资源进行有力的整合，帮助各方明

确特需学生教育康复需求，从而改善他们的康复服务成效。

（三）家校社协作提升教育康复质量

家长、学校、社区工作人员通过协作运用管理系统，建立学生成长档案，规范个案管理；通过协作运用资源系统，共同建设、丰富资源系统的专家库、资源库，提升老师、家长、社区人员的专业能力；通过协作运用咨询系统，及时解决康复训练过程中的问题，增强合作的信心。

（四）基于信息化平台的家校社模式辐射到全国各地

家校社协作强调家庭、学校和社会三方在特需儿童教育中的协同作用，旨在构建全方位、立体化的教育环境，为孩子们的成长提供更为广阔的空间和更为丰富的资源。笔者参与研发、落实的武侯区特殊教育资源中心信息平台的在实施过程中统一标准、线上线下联动、资源共享，有效促进了教育资源的均衡分配和优质教育资源的共享，创新性地开展家校社课程，形成了具有特色的教育模式，并已经在四川省内外众多学校中得到了广泛的推广和应用；通过交流学习、经验分享等方式，各地之间也在互相借鉴、共同进步，推动了全国范围内家校社课程的深入发展；实践成果也在各大会中频频获奖，得到了业内专家和学者的肯定和赞誉，影响力不断扩大。

第四章 康复训练课程实施的成果与展望

第一节 康复训练课程实施的成果

一、认识性成果

（一）康复训练课程的实施具有重要意义

1. 奠定学科教学的基础功能

康复训练通过改善学生的感知觉、动作、语言等基础能力，为其他学科（如生活适应、劳动技能、文化知识等）的学习提供必要的生理与心理支持，提升学生的整体学习效能。

2. 促进多系统协同发展

课程内容涵盖感觉、动作、认知、语言、情绪及社会性六大系统，遵循儿童发展规律，通过系统性干预帮助学生突破功能发展障碍，实现身心能力的整合与提升。

3. 形成教育合力，实现全员康复

康复目标融入所有学科教学，要求全体教师具备康复意识与能力，打破传统学科界限，形成"教康结合"的全员参与模式，最大化康复效果。

4. 支持个性化教育需求

基于学生个体差异，康复训练课程通过动态评估与针对性干预，为每名学生制订适配的康复计划，确保了教育的公平性与适切性。

5. 推动培智教育质量提升

康复训练课程的有效实施是培智学校实现"医教结合""康教融合"

的关键路径，能够显著改善学生生存能力与发展潜力，为其融入社会奠定长远基础。

（二）教师形成了基于教育评估的教学实践思维

教师在探索评估—计划—教学—再评估的实践过程中，形成了基于教育评估的教学实践思维。教师运用康复训练课程评估统计系统开展学生评估，根据评估结果制订适合学生个体发展的教育计划，在教学实施的过程中，监测学生个别化教育计划中目标的达成情况，完成一个阶段的教学后再评估，根据结果调整教学计划，如此循环。课题组教师将基于教育评估的实践思维运用到教学设计中，检验出基于评估的教学的有效性。

（三）康复训练课程评估系统具有较好的科学性与实用性

经过初步建构、专家评议、系统验证、实施运行等阶段后证明信息化评估系统具有较好的科学性与实用性，能够继续进行使用与推广。问卷调查显示，康复评估手册和康复训练课程评估统计系统使用前后，评估所需时间、专业性、便捷性等均有显著差异，显示了评估系统对教师评估效能的提升。

（四）基于教育评估的培智学校康复训练课程实施有效性得到验证

教师基于康复训练评估系统结果，为不同的学生提供恰当的康复训练课程形式，通过训练前后学生各项内容指标的对比，学生均有不同程度的进步，显示了康复训练对学生能力提升的作用。

二、操作性成果

（一）形成了细化的"培智课标"目标内容

针对原有课程标准描述较为粗大、不易操作和评估的课标内容进行细化，通过成果参阅、文本分析、层级确认、排列方式确认、内容修订与校核，从课标的三级指标发展出四级指标，把目标细分成了 273 项指标（表 27），解决了康复训练课程评什么、教什么的问题。

表 27　细化后动作训练领域四级指标（部分）

一级指标	二级指标	三级指标	四级指标
动作训练	姿势控制	坐位、立位下能维持头颈部直立	坐位下能维持头颈部直立
			立位下能维持头颈部直立
		在地面或座椅上能维持坐位	座椅上能维持坐位
			在地面能维持坐位
		俯趴、爬、跪坐或立位下能维持手部支撑	俯趴下能维持手部支撑
			爬行下能维持手部支撑
			跪坐下能维持手部支撑
			立位下能维持手部支撑
		能维持双膝或单膝跪位	能维持双膝跪位
			能维持单膝跪位
		……	……
	……	……	……

（二）开发了信息化的康复训练评估系统及统计分析系统

在细化的目标内容基础上，笔者所在课题组开发了康复训练课程评估系统及统计分析系统，并获得计算机软件著作权（图7）；解决了康复训练课程无系统评估工具、无便捷分析工具的问题；实现了评估与统计分析的信息化，在一定程度上填补了康复训练评估的空白。

课题组成功地将康复训练课程评估内容进行信息化，评估系统依托区级资源中心信息管理系统，形成独立板块，能够进行线上及时记录、分析、目标分类选择、教学建议等，目前运作流畅、高效。优势体现在以下几个方面。

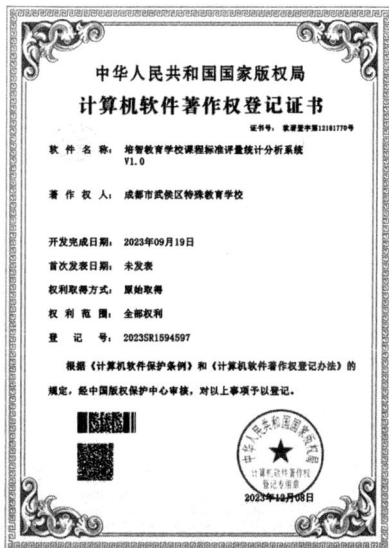

图7　培智学校课程标准评量统计分析系统 V1.0

（1）使用人员与权限设计明确。

课题组成员及获得授权的教师、家长均可登录系统，根据权限的不同可以浏览不同的内容。例如班主任只能输入或者查看本班数据，科任老师因为会在不同班级授课，因此可以看到所教授班级学生的康复评估信息；家长则只能看到自己孩子的信息，兼顾保密性与实用性。

（2）使用方法明确、高效。

①评估手册内容翔实，方法清晰明了，便于初次使用的教师操作。

②线上评估系统功能分区明确、操作简便，易于操作。

③教师输入评估分数即可查询学生整体康复目标发展曲线图与教学建议，提高教师评估效能。

（3）系统具有录入存储、可视化分析、目标筛选、辅助制订个别化教育计划等功能。

（三）构建了培智学校康复训练课程实施的运作机制（图8）

首先，教师通过评估系统对学生康复训练相关能力进行评估、记录与分析，为教育教学提供依据。其次，根据评估结果，康复训练课教师可设计精准的康复训练内容；学科教师可以根据评估结果在学科教学中融入康复课程目标；家长也可根据评估结果较好地认识学生的能力，在社区与家庭中有针对性地融入目标。再次，教师、家长可通过评估系统、集体教研等获得教育教学支持。最后，家长、教师可以通过评估系统评估学生训练后的成效，及时检验课程实施效果。

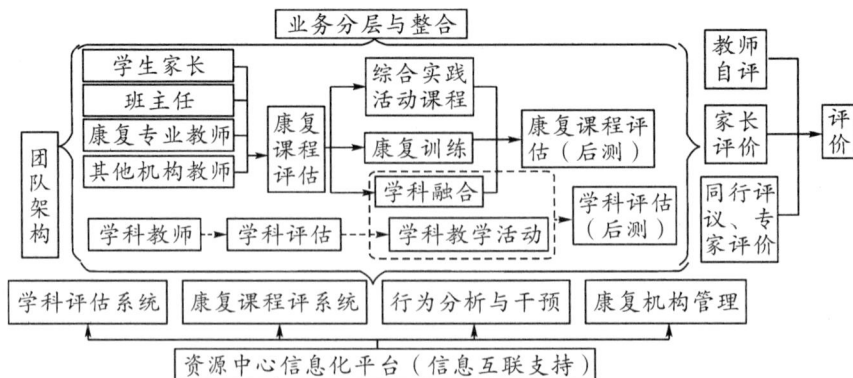

图8　康复训练课程实施的运作机制

综上，康复训练课程的实施途径以学科融合为主，专业康复训练与家校社协作为辅。

（四）形成了培智学校康复训练评估手册

康复训练课程评估内容基于《课程标准》，作者团队通过成果参阅、层级确认、排列方式确认，将《课程标准》的三级指标发展为四级指标，解决了康复训练课程要评什么的问题。在此基础上，经过两轮德尔菲法的调研，最终确立由4个一级维度、22个二级指标、93个三级指标、273个四级指标构成的康复训练课程评估手册。评估手册主要包含评估内容、评估操作方法、计分标准、评估记录表及评估材料包等。

（五）形成了康复训练目标与学科融合的微课、教案集等

通过实践研究，笔者整理、总结了康复训练目标与学科融合的课例、微课（表28）、教案集（表29）等，微课资源包含动作训练、感知觉训练、沟通与交往训练、情绪与行为训练、家长课堂等内容，家长、老师可以在评估系统中进行查阅及使用。

表28　微课资源

资源名	类型	数量/节	内容	目标
课例	动作训练	5	唱游律动——《捉泥鳅》教案	能双脚跳或单脚跳
	粗大动作训练		运动保健——快速跑	在运动或受到外力作用时，能保持身体平稳
				在活动中能维持身体协调
			运动与康复——感知肌动——我是小小设计师	能以指定动作任务完成活动（如：过障碍跑）
				在活动中能维持身体协调
			运动与康复——学习跳远腾空步	能在立位进行活动
			运动与康复——学习传球	能在立位进行活动

续表

资源名	类型		数量/节	内容	目标
课例	动作训练	精细动作训练	6	个人训练——串珠	能完成串珠子的活动
				个人训练——画线条	能模仿画线条
				个人训练——剪刀的使用	能开合剪刀剪纸
				个人训练——使用夹子	使用夹子类物品
				个人训练——粘贴	能使用粘贴工具类工具粘贴物品
				绘画与手工——安迪沃霍尔的花——拓印版画	能使用印章等工具印画
	感知觉训练		5	唱游律动——快慢	能完成指点、抓握、摆放、敲击、按压、揭开、扭转动作基本动作
				生活适应——餐桌上的礼仪——吃牛排	能完成双手配合动作
				生活适应——洗手教学设计方案	能完成双手配合动作
				生活数学——认识钟面	能辨别不同物品
				唱游律动——《跳圆舞曲的小猫》——乐器伴奏第三版	能辨别不同声音，能听懂日常沟通中的简单句
	沟通与交往训练		4	劳动技能——春耕	能完成指点、抓握、摆放、敲击、按压、揭开、扭转动作基本动作
					能听懂日常沟通中的简单句
				生活适应——《警惕食物中毒》中"吃新鲜的食物"	能辨别不同物品
				艺术休闲——恐龙餐厅	能以面部表情、言语、动作等适当表达自己的情绪
				生活数学——认识1元和5元人民币	能使用两个以上句子表达需求、拒绝、情绪和描述事件
	情绪与行为训练		9	唱游律动——《跳圆舞曲的小猫》	能在不同情境下适当表达自己的情绪
				生活语文——《小山羊》	能从面部表情、言语、动作等识别高兴或不高兴的情绪

续表

资源名	类型	数量/节	内容	目标
微课	情绪与行为训练	9	情绪是怎么发生的	能辨别不同情境并理解自己的情绪
			情绪认识——生气	能从面部表情、言语、动作等识别高兴或不高兴的情绪
			情绪的认识——伤心	能从面部表情、言语、动作等识别其他简单的情绪
			情绪的认识——开心	能从面部表情、言语、动作等识别高兴或不高兴的情绪
			情绪的认识——害怕	能从面部表情、言语、动作等识别其他简单的情绪
			情绪的名字	能在不同情境下适当表达自己的情绪
			情绪命名——辨识伤心	能从面部表情、言语、动作等识别其他简单的情绪
	运动康复训练	8	起跑训练	在运动时，能保持身体平稳（如：跑、跳）
			维持头颈直立	坐位下能维持头颈部直立
				立位下能维持头颈部直立
			触觉分辨训练	能分辨出刚刚触摸过的物品
			视觉分辨训练	能将相同大小加以配对
				能将相同图片加以配对
				能完成叠 10 个积木
			手眼协调能力	能完成叠积木的活动
				能完成串珠子的活动
				能完成插棒的活动
			移动能力训练	坐位、立位或俯趴下能完成头部活动
				能进行姿势的转换，如：由跪坐位到立位、由蹲位到立位等
			双脚跳训练	能双脚跳或单跳
			下肢力量	能行走

资源名	类型	数量/节	内容	目标
微课	沟通与交往训练	20	借用物品	能用声音、简单词语进行表达
			如何面对别人的劝说	能对他人沟通信息有恰当的回应
			如何处理被嘲笑	能对他人沟通信息有恰当的回应
			如何处理被拒绝	能对他人沟通信息有恰当的回应
			避免伤人	能用安全、不干扰他人的方式调控自己的情绪
			处理游戏冲突	能用安全、不干扰他人的方式调控自己的情绪
			遵守游戏规则	能用适当行为获取他人注意
			如何向他人打招呼	能用声音、简单词语进行表达
			如何拿回自己的玩具	能根据沟通情境的变化做出相应反应
			如何加入游戏	能根据沟通情境的变化做出相应反应
			向他人道歉	能用常用句表达需求、拒绝、情绪和描述事件
			接受失败	能用安全、不干扰他人的方式调控自己的情绪
			帮助他人	能根据沟通情境的变化做出相应反应
			原谅他人	能根据沟通情境的变化做出相应反应
			赞美别人	能用常用句表达需求、拒绝、情绪和描述事件
			保持距离	能用适当行为获取他人注意
			接受改变计划	能根据沟通情境的变化做出相应反应
			如何寻求帮助	能用寻求帮助的方式调节自己的情绪
			与他人分享	能根据沟通情境的变化做出相应反应
			生气时，我该怎么办	能用安全、不干扰他人的方式调控自己的情绪

续表

资源名	类型	数量/节	内容	目标
微课	认知行为疗法 CBT	8	什么是认知行为疗法？	清晰界定认知行为疗法的概念与范畴
			智力分布是怎么样的？	精准阐释智力分布的原理与特征
			人的两种认知是什么？	深入剖析人的两种认知模式及区别
			STOP 技术是什么？	熟练掌握 STOP 技术的操作流程与应用
			常见的认知偏差有什么？	准确识别常见的认知偏差类型及表现
			如何形成有益的信念？	有效掌握形成有益信念的方法与策略
			什么是行为的综合干预模型？	全面理解行为的综合干预模型及运用
			过幸福的家庭生活	深度理解过幸福家庭生活的要素与营造方法
	正向教养	12	当下现状与自我	精准洞察当下现状与自我认知的提升路径
			育人目标与规划	科学制定育人目标与规划的策略与方法
			认识孩子的行为	透彻认识孩子行为的动机、模式与引导要点
			正向教育基础	牢固掌握正向教育的理论基石与实践要点
			孩子的学习行为	熟练运用孩子学习行为的引导与激励技巧
			帮助孩子表达	有效帮助孩子掌握恰当表达的方法与技巧
			使用肯定的语言	熟练运用肯定性语言进行亲子沟通的策略
			鼓励孩子自立	积极培养孩子独立生活与思考的能力与习惯
			鼓励孩子和我们合作	有效掌握鼓励孩子合作的方法与沟通技巧
			代替惩罚的方法	全面了解代替惩罚的多种方法与应用场景
			执行功能	深入理解执行功能的内涵与培养要点
			总结分享	系统总结正向教养课程的核心要点与实践计划

资源名	类型	数量/节	内容	目标
微课	情绪行为分析与干预	13	认识自己过幸福的生活	深度认识构建幸福生活的情绪行为模式
			现在的困境与问题	精准梳理当下存在的困境与问题根源
			需求与教育目标	明确确立需求与教育目标的方向与策略
			关于我们的情绪	透彻理解情绪管理的原理与调控方法
			家庭成员的互助	有效掌握家庭成员互助的模式与沟通技巧
			关于我们的学习	深入了解学习行为的影响因素与提升策略
			学习行为干预	熟练运用学习行为干预的方法与实践技巧
			关于我们的行为	全面剖析自身行为的模式、成因与优化方向
			行为分析与干预（一）	初步掌握行为分析与干预的方法与流程（一）
			行为分析与干预（二）	深化理解行为分析与干预的技巧与应用（二）
			行为分析与干预（三）	强化提升行为分析与干预的能力与实践（三）
			行为分析与干预（四）	综合运用行为分析与干预的策略与方法（四）
			家长课程总结	系统总结家长课程要点，形成实践方案

表 29　教案集

序号	康复课程领域	主题	学科
1	动作训练	捉泥鳅	唱游律动
2		快速跑	运动保健
3		我是小小设计师	运动保健
4		学习跳远腾空步	运动保健
5		串珠	绘画手工
6		画线条	绘画手工
7		剪刀	绘画手工
8		使用夹子	绘画手工
9		粘贴	绘画手工
10		安迪沃霍尔的花——拓印版画	绘画手工
11		传球	运动保健
12	感知觉训练	餐桌上的礼仪——吃牛排	生活适应
13		洗手	生活适应
14		认识钟面	生活数学
15		跳圆舞曲的小猫教案——乐器伴奏	唱游律动
16		快慢	专业康复
17	沟通与交往训练	春耕	劳动技能
18		警惕食物中毒——吃新鲜的食物	生活适应
19		恐龙餐厅	休闲活动
20		认识 1 元和 5 元人民币	生活数学
21	情绪与行为训练	跳圆舞曲的小猫	唱游律动
22		小山羊	生活语文

（六）形成了系统的家长培训课程

家长培训的开展，在调整家长对学生的认识、调整家长自身认知与情绪行为方面取得了较好效果。通过持续开展培训，笔者对培训内容进行了归纳总结，形成了系统化的家长培训课程，部分内容见表30、表31所列。

表 30　家长课程（部分）

周次	题目	主要内容
第一周	什么是认知行为疗法？	（1）自由表达的空间； （2）课程研发者； （3）CBT 课程介绍； （4）情绪的发生与 ABC 模型

周次	题目	主要内容
第二周	智力分布是怎么样的?	(1) 回顾 ABC 模型; (2) 认识我的孩子; (3) 智力分布表是什么; (4) 根据孩子的情况我能做什么
第三周	人的两种认知是什么?	(1) 回顾已经学习内容; (2) 本周感受分享; (3) 两种认知是什么（自动思维和信念）; (4) 怎样识别自动思维
第四周	STOP 技术是什么?	(1) 课程回顾; (2) 本周感受分享; (3) Stop 代表什么; (4) 解决冲突的方法——家庭会议
第五周	常见的认知偏差有什么?	(1) 课程回顾; (2) 本周感受分享; (3) 常见的 10 种认知扭曲（偏差）
第六周	如何形成有益的信念?	(1) 课程回顾; (2) 本周感受分享; (3) 如何形成有益信念（自我接纳、信念清单、识别潜在信念）
第七周	什么是行为的综合干预模型	(1) 课程回顾; (2) 本周感受分享; (3) 行为的综合干预模型是什么; (4) 我们如何在生活中运用这一模型
第八周	过幸福的家庭生活	(1) 课程回顾与总结; (2) 我们怎样才能过幸福的家庭生活; (3) 本期课程感受分享; (4) 我未来还会怎么做

表 31　基于正向教养的家长课程

序号	题目	主要内容
1	家长的自我调节	(1) 现状认知; (2) 未来生活畅想; (3) 自我调节
2	全家总动员,明确孩子发展水平	(1) 全家总动员。让孩子明白先照顾好自己才能照顾好身边的人。 (2) 认识孩子的需要。了解孩子的发展水平、理解孩子的需要,制定目标,寻求支持

续表

序号	题目	主要内容
3	正向教养的基础	（1）讨论：我们是教育工作者吗？孩子们需要什么教育？哪些事情，学校没教，但会影响人一生？ （2）了解。孩子是怎样学习的。游戏体验：我说你做（把纸对折，再对折，撕掉一个角，展示作品） （3）明白家长在孩子的教育中要扮演什么角色。 （4）介绍正向教养。 （5）家庭小练习
4	孩子是怎样学习的	（1）家庭练习分享。 （2）讨论：您知道孩子是怎样学习的吗？ （3）播放儿童脑发育的视频，讨论：孩子在大脑发育过程中需要什么？ （4）体验活动：不要想一只猫。 （5）介绍允许的教育态度，探讨允许的三个层次。 （6）介绍强化。 （7）小结：您准备做哪些尝试？（每人写下 1～3 条） （8）家庭小练习
5	帮助孩子表达感受	（1）家庭练习分享。 （2）讨论：当你漏掉一项重要的工作，被老板骂时，你期望被同事怎样对待？ （3）介绍感受的重要性。 （4）介绍帮助孩子表达感受的技巧。 （5）情景练习：用一两个词语描述孩子的感受，用一句话表达您理解了孩子的感觉。 （6）家庭小练习
6	肯定的语言	（1）家庭练习分享。 （2）交流：您对孩子说得最多的肯定的语言是什么？这些语言的效果如何。 （3）体验分享：当你听到……你的感觉是什么？ （4）介绍真诚的赞赏的技巧。 （5）有技巧的鼓励。 （6）家庭小练习
7	鼓励孩子自立	（1）家庭练习分享。 （2）交流：您觉得孩子多大的时候应该开始学习自立？ （3）您理解的自立是什么样的？ （4）您认为鼓励孩子自立的基础态度应该是什么？ （5）介绍鼓励孩子自立的技巧。 （6）家庭小练习
8	鼓励孩子和我们合作	（1）家庭练习分享。 （2）换位思考：假如你是孩子，你听到……，你的感受和想法？ （3）讨论：刚才举例的句子属于什么样的语言？ （4）介绍鼓励孩子和家校合作的方法。 （5）家庭小练习

序号	题目	主要内容
9	代替惩罚的方法	（1）家庭练习分享。 （2）讨论：您理解的惩罚是什么样的？ （3）被惩罚后孩子心里是怎样想的？ （4）什么原因使我们要用惩罚？ （5）惩罚会带来什么后果？ （6）如何避免使用惩罚？ （7）介绍代替惩罚的七个技巧。 （8）家庭练习与课程总结
10	我可以从哪里寻找支持	（1）罗列自己的需求：我需要什么？我缺什么资源？需要他人或组织机构支持吗？ ①去哪里学习，怎么教孩子？ ②孩子如何康复，自我心理如何调适？ ③社会福利、经济资助？ （2）它们属于哪一类的需求？ ①教育支持的问题：针对孩子或针对家长自己。 ②医疗支持：孩子的康复，家长的心理健康。 ③社会福利支持，经济救助、社会福利。 （3）我怎么去寻找外界资源？谁更可能给我提供支持？ ①网络查询、电话查询、社区咨询。 ②区域机构咨询：教育局与学校、医院、民政局与残联、区域的社会互助团体。 （4）我终将成长，回归自我支持。 外界的支持让我做得更好，外力助我回归自我成长支持

三、实施效果

（一）学生发展

1. 学生能力的发展

通过运用康复训练评估系统评估学生的发展后，教学目标更聚焦，结合更适宜的课程实施形式，学生发展更明显。学生经过前后测（相隔一学期），学生的康复训练目标达成分数均有不同程度的增长。以下为五名学生康复目标达成曲线示意图（图9、图10），两次测验的数值较为清晰地呈现了学生的发展变化。

图11、图12中数字1～5代表学生该项能力的水平分数：1分为全面辅助，2分为动作辅助下完成，3分为在说明与示范下完成，4分为监督提示下完成，5分为直接通过。虚线代表第一次评估各项能力的分数，实线代表学生第二次评估各项能力的分数。从图中可以看出，第二次评估的分数在第一次稳定的基础上，部分项目分数得到提升。

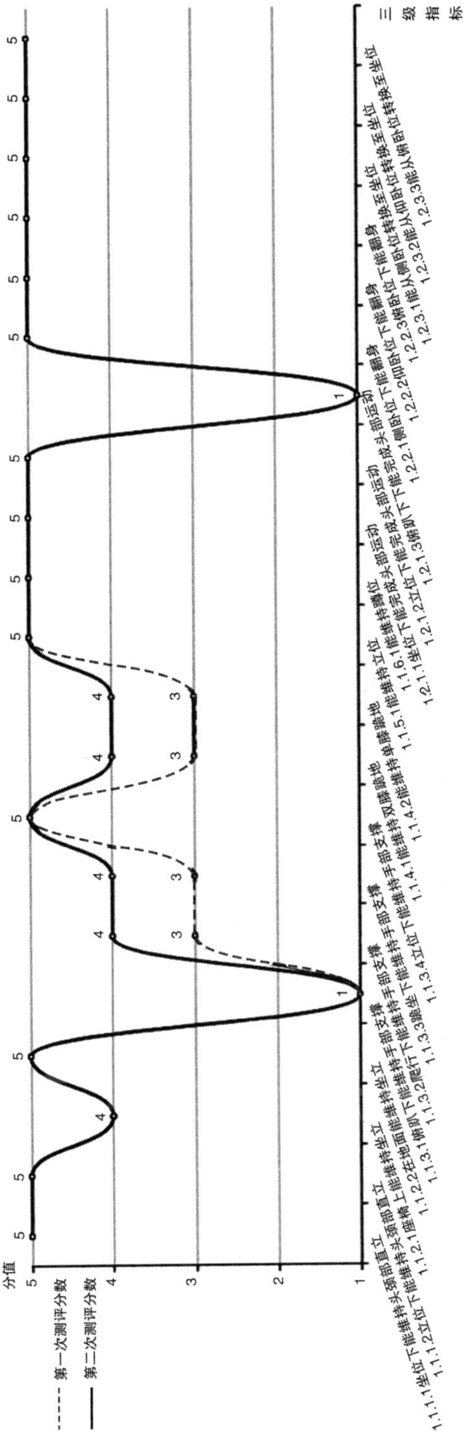

图9 康复目标达成曲线示意图（前测）

图10 康复目标达成曲线示意图（后测）

2. 家长满意度反馈

笔者所在课题组通过对学生进行较为精准全面的康复训练目标的评估，结合学科目标做出适宜的教学调整，使班级教师对学生的教育目标和康复目标更加了然于心，教育教学也事半功倍，效果明显，获得了家长们的认可。图 11、图 12 为部分家长的反馈。

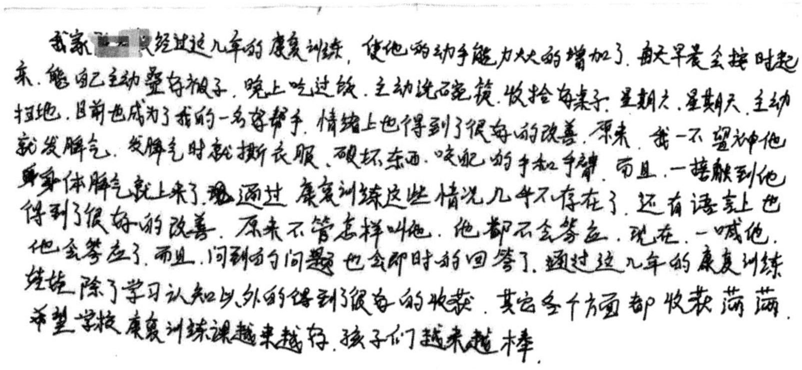

图 11　陈妈妈的反馈

图 12　彭爸爸的反馈

（二）家长成长

在康复训练的实施过程中，家长是非常重要的角色，家庭教育对学生康复训练的效果也起到了十分重要的作用。因此，家长培训作为培智学校提供的一项重要服务，旨在帮助家长更好地理解孩子的特殊需求、学习有效的支持策略、促进家庭与学校之间的合作，共同为孩子的成长创造更有利的环境。

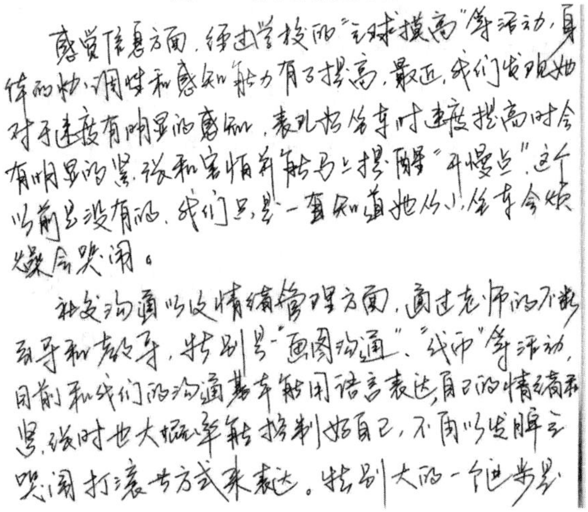

（1）在家长参与培训前，家长对学生及教育方法的了解有限，主要体现在以下方面。

①知识与理解：部分家长可能对孩子的特殊状况了解有限，对孩子的行为、学习能力及发展潜力存在误解或不确定感。

②情绪反应：面对孩子的特殊性，家长可能会经历焦虑、沮丧、无助等负面情绪，对未来感到迷茫。

③教育策略：缺乏针对性的教育方法和技巧，可能在家中使用不适合孩子发展的教育方式。

④家校合作：与学校的沟通可能不够顺畅，不清楚如何有效支持学校的教育计划，或是对学校的期望与实际操作存在差距。

（2）家长参与培训后，各项能力得到显著提升，体现在以下方面。

①知识与理解增强：家长通过培训，对孩子的特殊需求有了更深入的认识，包括其学习特点、心理发展及社会适应能力等，能够更加科学地看待孩子的成长。

②情绪调节能力提升：学会了如何管理自己的情绪，采用积极的心态面对挑战，同时也掌握了帮助孩子调节情绪的方法。

③教育策略优化：掌握了更多适合孩子特点的教育方法和技巧，如个别化教学、正向激励、生活技能训练等，能够在日常生活中更有效地促进孩子的发展。

④家校合作加强：理解了学校教育的目标和策略，学会了如何与教师有效沟通，共同制订适合孩子的个性化教育计划，形成家校共育的良好氛围。

⑤资源与网络拓展：通过培训，家长还可能结识了其他有相似经历的家长，建立了互助支持的网络，共享资源，共同面对挑战。

通过对培训前后的数据进行采集，采用单样本 t 检验方法，主要运用 SPSS 软件进行分析，探究课程前后家长在焦虑程度上的变化差异（图13、图14）。通过对 8 名家长前后测的分析，t 检验结果显示从 1 号至 8 号家长

T 值（表示样本均值与比较值之间的差异，以标准误差为单位度量，T 值的绝对值越大，表明差异越显著）均有明显的变化，在显著性检验方面 P 值〔p 值代表的是接受两均值存在差异这个假设可能犯错的概率，如果 p 值小于预设的显著性水平（通常为 0.05），则认为两组数据的差异是统计上显著的〕小于 0.05 便为变化显著，值越低则效果越显著。2 号和 3 号家长的数据等于 0.05，数据显示为显著；4 号与 5 号家长的显著性为 0，证明本次培训对这两位家长的效果较好，数值的变化最大。

单一样本检定						
	检定值 = 2.68					
					95% 差异数的信赖区间	
	T	df	显著性（P 值）	平均差异	下限	上限
某家长	2.982	127	.003	.4137	.139	.688

图 13　单一样本检定

个案	T 值	显著性（P 值）	平均差异
1	-2.92	0.004	-3.67
2	-2.89	0.005	-0.41
3	-2.85	0.005	-0.31
4	-6.39	0	-0.40
5	4.72	0	0.49
6	-3.04	0.003	-0.39
7	2.98	0.003	0.41
8	-2.94	0.004	-0.38

图 14　前后测分析

（三）教师发展

通过实施康复训练课程，帮助教师树立学生为本、教康结合的观念，使用先进的方法达成教学、康复的双目标，促进学生进步。

康复训练课程实践成果辐射四川省内外。在全国会议交流中，笔者所在课题组的教师们参与了各级教育康复的相关讲座，将康复训练课程实践方面的经验，先后在全国、省内外特殊教育康复论坛上进行分享交流，相关老师分别为省内外同仁、家长开展情绪行为相关主题的培训 16 次；赛课获奖 5 项（表32），论文获奖 15 篇，发表论文 1 篇（表33），拟出版专著 1 部。

表 32　赛课获奖

项目	内容	时间	级别	姓名	颁奖单位
赛课	登鹳雀楼	2022 年 12 月	市级 一等奖	廖兴君	成都市教育科学研究院
赛课	我的喜怒哀乐	2023 年 6 月	区级 三等奖	刘坤燕	成都市武侯区教育科学发展研究院 成都市武侯区特殊教育资源中心
赛课	艺术疗愈之器乐演奏欢乐颂	2023 年 6 月	区级 二等奖	杜飞	成都市武侯区教育科学发展研究院 成都市武侯区特殊教育资源中心
赛课	餐桌上的礼仪——吃牛排	2023 年 3 月	区级 二等奖	王玉碧	成都市武侯区教育局
赛课	登鹳雀楼	2023 年 3 月	区级 一等奖	廖兴君	成都市武侯区教育局

表 33　论文获奖和发表

项目	内容	时间	级别	姓名	颁奖单位
论文获奖	自主研发信息化管理服务系统促进家校社协作提升教育、康复工作质量的探索	2021 年 11 月	省级 一等奖	蔡晓莉、廖兴君、许超、刘坤燕、王玉碧	四川省教育厅人文社会科学重点研究基地 四川特殊教育发展研究中心
论文获奖	使用 CBT 认知行为疗法开展家长团体辅导的实践研究	2023 年 9 月	省级 一等奖	蔡晓莉、林泽毅	四川省心理学会 四川特殊教育资源中心
论文获奖	ADHD 儿童课堂"离课"行为干预研究	2023 年 9 月	省级 一等奖	廖兴君	四川省心理学会 四川特殊教育资源中心
论文获奖	家校合作模式下提升培智学生根据指令后自主行动能力的个案研究	2023 年 9 月	省级 三等奖	许超、王玉碧	四川省心理学会 四川特殊教育资源中心

项目	内容	时间	级别	姓名	颁奖单位
论文获奖	心理健康教育在矫正智力障碍学生青春期不适当行为中运用的个案研究	2023年9月	省级三等奖	窦单妮	四川省心理学会四川特殊教育资源中心
论文获奖	运用CBT认知行为疗法对特殊儿童家长焦虑干预的个案研究	2023年12月	省级一等奖	林泽毅	四川省心理学会
论文获奖	听障青少年与普通青少年学业情绪特点对比分析	2023年12月	省级二等奖	陈兰	四川省心理学会
论文获奖	情绪主题绘本在疏导孤独症学生生气情绪中的运用	2023年12月	省级优秀奖	窦单妮	四川省心理学会
论文获奖	儿童行为的辩证分析干预模型解析	2023年12月	省级优秀奖	许超	四川省心理学会
论文获奖	基于行为综合干预模型的注意力缺陷多动症儿童个案研究	2023年12月	省级优秀奖	廖兴君	四川省心理学会
论文获奖	培智学校运动与保健课程中渗透康复训练课程目标的实践探索	2023年9月	市级二等奖	王玉碧、廖兴君	成都市教育学会成都市教育学会基础教育课程改革委员会
论文获奖	利用信息化优化唱游律动课实施康教结合的教学实践案例	2023年3月	区级二等奖	叶远媛、许超、杜飞	成都市武侯区教育局
论文获奖	"互联网+"环境下构建智障儿童家庭教育效能生态圈	2023年3月	区级三等奖	陈芳	成都市武侯区教育局
论文获奖	构建区域教育康复一体化管理平台的研究报告	2023年3月	区级二等奖	蔡晓莉、廖兴君、许超、林泽毅、马秦	成都市武侯区教育局

项目	内容	时间	级别	姓名	颁奖单位
论文获奖	基于信息化平台提升送教上门服务质量的研究——以成都市武侯区为例	2023年3月	区级二等奖	马秦、许超、陈兰	成都市武侯区教育局
论文发表	特殊教育，从"心"出发——自闭症儿童不良情绪的干预和管理	2023年12月	省级	林智芬	—

2022年，廖兴君参加了《培智学校义务教育实验教科书　信息技术》第六册第一单元第3课时用视频记录活动的试教工作，王玉碧参加了《培智学校义务教育实验教科书　信息技术》第一册到第六册的审读工作；课题负责人蔡晓莉被中国残疾人康复协会聘为智力残疾康复专业委员会委员；课题组许超被评为成都市优秀德育工作者。

（四）学校发展

笔者所在课题组教师受邀在全国、省级、市级、区级等不同等级的交流会上作专题讲座或交流发言10余次，进一步提升了教师们所在学校在业内的专业影响力。

2023年5月，实践研究所在学校成都市武侯区特殊教育学校参与了教育部委托人民教育出版社组织的《培智学校义务教育实验教科书　生活数学》审读试教工作，课题组教师廖兴君和林智芬参与了此书的审读试教工作。

第二节　康复训练课程实施的展望

随着特殊教育领域的不断进步与社会的全面发展，培智学校的康复训练课程正步入一个全新的发展阶段。本节将围绕康复训练课程的创新性、个性化、融合性以及技术支持四个方面，对培智学校康复训练课程的实施进行展望。

一、创新性：持续探索多元化康复训练模式

培智学校的康复训练课程将更加注重创新，不断探索多元化的康复模式。传统单一的康复训练方法将逐渐被综合性的康复方案所取代，这些方案将结合音乐疗法、艺术治疗、感觉统合训练等多种手段，旨在激发学生的潜能，促进其全面发展。

（1）跨学科合作：建立由特殊教育教师、心理咨询师、物理治疗师、艺术治疗师等多学科专家组成的团队，共同设计康复训练课程，确保课程内容的科学性和综合性。

（2）定期研讨与培训：组织定期的研讨会议和培训课程，邀请国内外专家分享最新的康复理念和技术，促进教师团队的专业成长。

（3）课程研发与试点：结合学校实际情况，研发具有创新性的康复训练课程，并在小范围内进行试点，根据反馈进行调整和完善。

二、个性化：定制专属康复训练计划

每个学生都是独一无二的个体，其智力障碍的类型、程度以及个人需求各不相同。因此，未来的康复训练课程实施将更加注重个性化，为每位学生量身定制专属的康复计划。

（1）全面评估与诊断：采用多种评估工具和方法，对学生的智力水平、认知能力、情感状态等进行全面评估，为制订个性化康复计划提供依据。

（2）家长参与：保证家长持续参与康复计划的制订过程，让家长了解孩子的特殊需求，共同为孩子的康复努力。

（3）动态调整：在康复过程中，定期对学生的进步情况进行评估，根据评估结果及时调整康复计划，确保康复效果的最大化。

三、融合性：持续推进融合教育

融合教育是特殊教育发展的重要趋势，也是培智学校康复训练课程实施的重要发展方向。通过加强培智学校与普通学校、社区的交流与合作，可以推动特殊教育与普通教育的深度融合，为培智学校的学生提供更多接

触社会、融入社会的机会。在未来的康复训练课程中，将更加注重培养学生的社会适应能力和生活自理能力，为他们更好地融入社会打下坚实的基础。

（1）持续完善融合教育机制：完善融合教育政策，明确融合教育的目标和要求，为培智学校的学生提供更多生活适应锻炼的机会。

（2）社会支持网络：建立由学校、家庭、社区等多方参与的社会支持网络，为培智学校的学生提供更多社会适应和融入社会的机会。

四、技术支持：运用现代科技手段提升康复效果

随着科技的飞速发展，现代科技手段在特殊教育领域的应用越来越广泛。未来的康复训练课程将充分利用虚拟现实技术、人工智能技术、远程教育技术等现代科技手段，提供更加丰富、生动的康复训练体验。这些技术的应用不仅可以提高康复训练的趣味性和互动性，还可以根据学生的实时反馈进行智能调整，从而实现更加精准、高效的康复训练。

（1）引入先进技术：积极引进虚拟现实技术、人工智能技术、远程教育技术等现代科技手段，为康复训练课程提供更加丰富、生动的训练体验。

（2）技术培训与支持：为教师提供必要的技术培训和支持，确保他们能够熟练掌握并有效运用现代科技手段进行康复训练。

（3）优化数字化平台：持续优化数字化平台，整合各类康复资源和课程，方便学生和家长随时随地进行康复训练和学习。

综上所述，笔者认为，未来，培智学校的康复训练课程将能够为智力障碍学生提供更加全面、有效的康复服务，帮助他们更好地融入社会、实现自我价值。

参考文献

［1］蔡晓莉．正向教养修炼：特需儿童家长手册［M］．北京：东方出版社，2020

［2］肖洪莉，王和平．浅谈培智学校课堂教学目标设计［J］．现代特殊教育，2017，（7）：36－38.

［3］何祖学．浅谈小学儿童注意发展的规律与注意力的培养［J］．科学咨询（科技·管理），2013，（18）：36－37.

［5］宗世英，张晓梅．吉林省特殊教育发展现状及优化对策分析［J］．长春大学学报，2023，33（3）：92－99.

［6］李丽娇．特教学校运动与保健教学学习分层评价方法研究［J］．微型电脑应用，2022，38（8）：148－150.

［8］罗君波．高校篮球选项课能力分组教学策略［J］．当代体育科技，2016，6（27）：25－26.

［9］WANG F，HUANG Q．Construction and evaluation of sports rehabilitation training model under intelligent health monitoring［J］．Wireless Communications and Mobile Computing，2022，（1）：1－11.

［10］LUCAS H V VAN DER WOUDE，SONFA DE GRDOT，THOMAS W_FANSSEN Manual wheelchairs：Research and innovation in rehabilitation，sports，daily life and health［J］．Medical Engineering & Physics，2006，28（9）：905－915.

［11］SHAW B S，SHAW I，BROWN G A．Resistance exercise is medicine：Strength training in health promotion and rehabilitation［J］．International Journal of Therapy and Rehabilitation，2015，22（8）：385－389.

附　录

基于《培智学校义务教育康复训练课程标准（2016）》

康复训练评估手册

成都市武侯区特殊教育学校　编制

2023 年

本手册主要解决康复训练课程评什么、怎么评，评估数据怎么处理的问题。

一、评估表

（一）评估表积分说明（附录表1）

附录表1　评估表积分说明

	通过	监督提示	说明与示范	肢体协助	器械辅助
支持维度	1	2	3	4	5
能力维度	5	4	3	2	1

评估结果运用：能力5分，运用能力；3～4分，通过大班的学科教学渗透康复目标即可；2分以下，需开展针对性的康复训练。

（二）动作训练评估表（附录表2）

附录表2　动作训练评估表

评估内容			评估方法					计分		备注
			询问与观察	监督提示	说明与示范	动作辅助	全面辅助	分值	状态	
动作训练	姿势控制	坐位、立位下能维持头颈部直立	坐位下能维持头颈部直立	询问家长，观察学生能否维持头颈部直立	头颈部直立	1.指令：请像老师这样做。2.动作示范	用手轻轻托起学生的头，慢慢使其头颈在直立位（观察学生反应，如果表情痛苦停止，视为失败）并维持目标行为2秒后慢慢撤销手扶助至学生头侧2厘米距离，使学生能维持头颈部直位	—			
		坐位、立位下能维持头颈部直立	立位下能维持头颈部直立	询问家长，观察学生能否维持头颈部直立	头颈部直立	1.指令：请像老师这样做。2.动作示范	用手轻轻托起学生的头，慢慢使其头颈在直立位(观察学生反应，如果表情痛苦停止，视为失败)并维持目标行为2秒后慢慢撤销手扶助至学生头侧2厘米距离，使学生能维持头颈部直位	—			

评估内容			评估方法				全面辅助	计分		备注
			询问与观察	监督提示	说明与示范	动作辅助		分值	状态	
动作训练	姿势控制	在地面或座椅上能维持坐位	座椅上能维持坐位	询问家长，观察生能否在座椅上维持坐位	坐下	1.指令：请像老师这样做。2.动作示范	用肢体辅助生慢慢地坐在椅子上维持坐位5秒，慢慢撤除辅助至旁边一点做保护姿势，使学生能维持坐位	—		
			在地面能维持坐位	询问家长，观察生能否在地面上维持坐位	坐下	1.指令：请像老师这样做。2.动作示范	用肢体辅助学生慢慢地坐在地上维持坐姿5秒，慢慢撤除辅助至旁边一点做保护姿势，使学生能维持坐姿	—		
		俯趴、爬、跪坐、立位下能维持手部支撑	俯趴下能维持手部支撑	询问、观察学生能否俯趴在垫子上，双臂伸直将上体支撑起来并保持手部支撑	俯身趴下，双臂伸直，抬起上体	1.指令：请像老师这样做。2.动作示范	肢体辅助学生俯趴在垫子上，慢慢辅助学生双臂伸直抬起上体，并维护支撑5秒，慢慢撤除辅助至旁边保护姿势，使学生能维持手部支撑	—		
			爬行下能维持手部支撑	询问、观察学生能否手脚着地，手臂和腿伸直爬行下能维持手部支撑	爬行，手臂伸直	1.指令：请像老师这样做。2.动作示范	肢体辅助学生手脚着地，手臂和腿伸直爬行下维持手部支撑5秒后慢慢撤除辅助至旁边成保护姿势，使学生能在爬行下维持手部支撑	—		

评估内容			评估方法				计分		备注
			询问与观察	监督提示	说明与示范	动作辅助	全面辅助	分值	状态
动作训练	姿势控制	俯趴、爬、跪坐或立位下能维持手部支撑	跪坐下能维持手部支撑	询问、观察学生跪坐下能否维持手部支撑	跪坐下——双手支撑在地上	1.指令：请像老师这样做 2.动作示范	跪坐下动作辅助：用双手扶着学生的肩和腰，让学生完成手部支撑	—	
			1.立位下能维持手部支撑	询问、观察学生立位下能否维持手部支撑	站着——手部支撑在桌上	1.指令：请像老师这样做。 2.动作示范	立位下动作辅助：用双手扶着学生的肩和髋，让学生完成手部支撑	—	
		能维持双膝或单膝跪位	能维持双膝跪位	询问、观察学生在跪时能否维持双膝跪位姿势	双腿跪着不动	1.指令：请像老师这样做。 2.动作示范	肢体辅助学生跪下维持双膝跪位姿势5秒，慢慢撤除辅助至旁边成保护姿势，使学生能维持双膝跪位姿势	—	
			能维持单膝跪位	询问、观察学生单膝跪时能否维持单膝跪位姿势	单膝跪着不动	1.指令：请像老师这样做。 2.动作示范	肢体辅助学生单膝跪下并维持单膝跪位姿势5秒，慢慢撤除辅助至旁边成保护姿势，使学生能维持单膝跪位姿势	—	
		能维持立位	能维持立位	询问、观察学生在站立时能否维持立位姿势	立正	1.指令：请像老师这样做。 2.动作示范	肢体辅助学生站直姿势5秒，慢慢撤除辅助至旁边成保护姿势，使学生能维持站直姿势	—	
		能维持蹲位	能维持蹲位	询问、观察学生全蹲时能否维持蹲位姿势	蹲下不动	1.指令：请像老师这样做。 2.动作示范	肢体辅助学生成全蹲并维持蹲位姿势5秒，慢慢撤除辅助至旁边成保护姿势，使学生能维持蹲位姿势	—	

评估内容			评估方法				计分		备注
			询问与观察	监督提示	说明与示范	动作辅助	全面辅助	分值	状态
动作训练	移动	坐位、立位或俯趴下能完成头部活动	坐位下能完成头部活动	观察、询问学生在坐位下能否完成头部活动	坐在椅子上抬头、低头、向左右偏头、头部绕环	1.指令：请像老师这样做。2.动作示范	肢体辅助学生在坐位下能完成头部活动	—		
			立位下能完成头部活动	观察、询问学生在坐位下能否完成头部活动	站着抬头、低头、向左右偏头、头部绕环	1.指令：请像老师这样做。2.动作示范	肢体辅助学生在坐位下能完成头部活动	—		
			俯趴下能完成头部活动	观察、询问学生在坐位下能否完成头部活动	俯趴在垫子上抬头、低头、向左右偏头、头部绕环	1.指令：请像老师这样做。2.动作示范	肢体辅助学生在俯趴位下能完成头部活动	—		
		侧卧位、仰卧位或俯卧位下能翻身	侧卧位下能翻身	观察、询问学生在侧卧位下能否左、右翻身	侧卧向左翻身、向右翻身	1.指令：请像老师这样做。2.动作示范	肢体辅助学生在侧卧位左右翻身	—		
			仰卧位下能翻身	观察、询问学生在仰卧位下能否左、右翻身	仰卧位向左翻身、向右翻身	1.指令：请像老师这样做。2.动作示范	肢体辅助学生能在仰卧位左右翻身	—		
			俯卧位下能翻身	观察、询问学生在俯卧位下能否左、右翻身	俯卧向左翻身、向右翻身	1.指令：请像老师这样做。2.动作示范	肢体辅助学生能在俯卧位左右翻身	—		

评估内容			评估方法					计分		备注
			询问与观察	监督提示	说明与示范	动作辅助	全面辅助	分值	状态	
动作训练	移动	能从侧卧位、仰卧位或俯卧位转换至坐位	能从侧卧位转换至坐位	观察、询问学生在侧卧位下能否转换成坐位	侧卧,之后坐起来	1.指令:请像老师这样做。2.动作示范	肢体辅助学生,使学生能从侧卧位转换至坐位	—			
			能从仰卧位转换至坐位	观察、询问学生在仰卧位下能否转换成坐位	仰卧,之后坐起来	1.指令:请像老师这样做。2.动作示范	肢体辅助学生,使学生能从仰卧位转换至坐位	—			
			能从俯卧位转换至坐位	观察、询问学生在俯卧位下能否转换成坐位	俯趴,之后坐起来	1.指令:请像老师这样做。2.动作示范	肢体辅助学生,使学生能从俯卧位转换至坐位	—			
		能腹爬、四点爬	能腹爬	观察、询问学生能否腹部着地爬行	趴下并往前爬	1.指令:请像老师这样做。2.动作示范	肢体辅助学生,使学生趴在地上手、脚用力往前爬行	—			
			能四点爬	观察、询问学生能否手、膝盖不着地,脚着地前爬	双手撑地,膝盖不着地,往前爬	1.指令:请像老师这样做。2.动作示范	教师辅助学生左手左脚前伸撑地,右手右脚前伸撑地,交替依次进行	—			
		能通过跪位移动	能通过跪位向前移动	观察、询问学生能否双膝下跪在地上向前移动	跪下并往前移动	1.指令:请像老师这样做。2.动作示范	肢体辅助学生左膝往前移动一次,右膝往前移动一次	—			
			能通过跪位向后移动	观察、询问学生能否双膝下跪在地上向后移动	跪下并往后移动	1.指令:请像老师这样做。2.动作示范	肢体辅助学生左膝往后移动一次,右膝往后移动一次	—			
			能通过跪位向左移动	观察、询问学生能否双膝下跪在地上向左移动	跪下并往左移动	1.指令:请像老师这样做。2.动作示范	肢体辅助学生左膝往左移动一次,右膝往左移动一次	—			

评估内容			评估方法				计分		备注
			询问与观察	监督提示	说明与示范	动作辅助	全面辅助	分值	状态
动作训练	移动	能通过跪位移动	能通过跪位向右移动	观察、询问学生能否双膝下跪在地上向右移动	跪下往右移动	1.指令：请像老师这样做。 2.动作示范	肢体辅助学生右膝往右移动一次，左膝往右移动一次			
		能进行姿势的转换，如：由跪坐位到立位、由蹲位到立位等	能由跪坐转换为立位姿势	观察、询问学生能否由跪坐转换为立位姿势	先跪坐，然后起	1.指令：请像老师这样做。 2.动作示范	肢体辅助学生由跪坐姿势转换到立位姿势	—		
			能由坐位转换为立位姿势	观察、询问学生能否由坐位转换为立位姿势	先坐在椅子上，然后起	1.指令：请像老师这样做。 2.动作示范	肢体辅助学生由坐位姿势转换到立位姿势	—		
			能由蹲位转换为立位姿势	观察、询问学生能否由蹲位转换为立位姿势	先蹲，然后起	1.指令：请像老师这样做。 2.动作示范	肢体辅助学生由蹲位姿势转换到立位姿势	—		
			能由立位转换为蹲位姿势	观察、询问学生能否由立位转换为蹲位姿势	先蹲，然后起	1.指令：请像老师这样做。 2.动作示范	肢体辅助学生由立位姿势转换到蹲位姿势	—		
			能由立位转换为坐位姿势	观察、询问学生能否由立位转换为坐位姿势	先站，然后坐在椅子上	1.指令：请像老师这样做。 2.动作示范	肢体辅助学生由立位姿势转换到坐位姿势	—		
			能由立位转换为跪位姿势	观察、询问学生能否由立位转换为跪位姿势	先站，然后跪下	1.指令：请像老师这样做。 2.动作示范	肢体辅助学生由立位姿势转换到跪位姿势	—		
		能行走	能在地面上向前行走	观察、询问学生能否在教室向前走	向前走	1.指令：请像老师这样做。 2.动作示范	肢体辅助学生在教室里向前行走	—		

续表

评估内容			评估方法					计分		备注
			询问与观察	监督提示	说明与示范	动作辅助	全面辅助	分值	状态	
动作训练	移动	能行走	能在斜坡上行走	观察、询问学生能否在斜坡上行走	走上去，走下来	1.指令：请像老师这样做。2.动作示范	肢体辅助学生在倾斜的地面上行走	—			
			能侧身行走	观察、询问学生能否侧着身子往前走	侧身子走	1.指令：请像老师这样做。2.动作示范	肢体辅助学生侧着身子往前走	—			
			能倒退行走	观察、询问学生能否背对行走方向倒退行走	后退	1.指令：请像老师这样做。2.动作示范	肢体辅助学生背对行走方向倒退行进走。	—			
		能快走，为跑步做准备	能快步行走	观察、询问学生能否快步行走	快走	1.指令：请像老师这样做。2.动作示范	肢体辅助学生快快行走	—			
		能上下楼梯	能上楼梯	观察、询问学生能否上楼梯	上楼	1.指令：请像老师这样做。2.动作示范	肢体辅助学生上楼梯	—			
			能下楼梯	观察、询问学生能否下楼梯	下楼	1.指令：请像老师这样做。2.动作示范	肢体辅助学生下楼梯	—			
		能双脚跳或单脚跳	能双脚跳	观察、询问学生能否双脚跳	双脚跳	1.指令：请像老师这样做。2.动作示范	肢体辅助学生双脚跳	—			
			能单脚跳	观察、询问学生能否单脚跳	单脚跳，换一只脚跳	1.指令：请像老师这样做。2.动作示范	肢体辅助学生单脚跳	—			

评估内容			评估方法					计分		备注
			询问与观察	监督提示	说明与示范	动作辅助	全面辅助	分值	状态	
动作训练	平衡与协调	能在仰卧位进行活动	仰卧位手能摸脚	观察、询问学生能否在仰卧位手能摸脚	躺下用手摸脚	1.指令：请像老师这样做。2.动作示范	肢体辅助学生手去摸脚	—		
			能在仰卧位与人玩抛接球	观察、询问学生能否在仰卧位与人玩抛接球	躺下接球、抛球	1.指令：请像老师这样做。2.动作示范	肢体辅助学生在仰卧位上与人玩抛接球	—		
		能在俯卧位双上肢支撑下进行活动	在俯卧位双上肢支撑下能双脚跳	观察、询问学生能否在俯卧位双上肢支撑下能双脚跳	双手撑地同时双脚跳	1.指令：请像老师这样做。2.动作示范	肢体辅助学生在俯卧位双上肢支撑下能双脚跳	—		
			能做俯卧撑	观察、询问学生能否做俯卧撑	双手撑地，趴下，用双手撑起身体	1.指令：请像老师这样做。2.动作示范	肢体辅助学生做俯卧撑	—		
		能在四点跪位进行活动	能玩钻爬类器材，如钻阳光隧道	观察、询问学生能否钻阳光隧道	跪着往前爬	1.指令：请像老师这样做。2.动作示范	肢体辅助学生钻阳光隧道。	—		
		能在坐位进行活动	能在坐位做体操	观察、询问学生能否在坐位做体操	坐下做操	1.指令：请像老师这样做。2.动作示范	肢体辅助学生在坐位做体操	—		
			能在坐位玩投掷类游戏如投沙包	观察、询问学生能否在坐位玩投掷沙包	坐下投掷沙包	1.指令：请像老师这样做。2.动作示范	肢体辅助学生在坐位玩投掷沙包	—		
		能在跪立位进行活动	能在跪立位做体操	观察、询问学生能否在跪立位做体操	跪下，身子立起来做操	1.指令：请像老师这样做。2.动作示范	肢体辅助学生在跪立位做体操	—		

评估内容			评估方法				计分		备注
			询问与观察	监督提示	说明与示范	动作辅助	全面辅助	分值	状态
动作训练	平衡与协调	能在跪立位进行活动	能在跪立位玩投掷类游戏如投沙包	观察、询问学生能否在跪立位玩投掷沙包	跪下的同时身子立起来投掷沙包	1.指令：请像老师这样做。2.动作示范	肢体辅助学生在跪立位玩投掷沙包	—		
		能在立位进行活动	能在立位做体操	观察、询问学生能否在立位做体操	立正做操	1.指令：请像老师这样做。2.动作示范	肢体辅助学生在立位做体操	—		
			能玩走的游戏，如走独木桥	观察、询问学生能否走独木桥	走过去	1.指令：请像老师这样做。2.动作示范	肢体辅助学生走独木桥	—		
			能玩跑的游戏，如20米跑	观察、询问学生能否往返跑	跑	1.指令：请像老师这样做。2.动作示范	肢体辅助学生跑	—		
			能玩跳的游戏，如小兔子跳	观察、询问学生能否小兔子跳	小兔子跳	1.指令：请像老师这样做。2.动作示范	肢体辅助学生小兔子跳	—		
			能玩投掷类游戏，如投沙包	观察、询问学生能否投沙包	投沙包	1.指令：请像老师这样做。2.动作示范	肢体辅助学生投沙包	—		
			能玩球类游戏，如拍球	观察、询问学生能否拍球	拍球	1.指令：请像老师这样做。2.动作示范	肢体辅助学生拍球	—		

（三）感知觉训练评估表（附录表3）

附录表3　感知觉训练评估表

评估内容			评估方法					计分		备注
			观察	监督提示	说明与示范	肢体协助	器械辅助	分值	状态	
感知觉训练	视觉	能对各种视觉刺激有反应	当光线出现有反应	打开手电筒，教师观察学生对光线是否有反应，查看医学眼科检查结果或家长访谈	—	—	—				
		能追视眼前移动的人或物品	能追视视线内左右移动的物体	手机左右移动，教师观察学生是否有反应	指令："看手机!"等待学生完成	教师示范并讲解	—				记录怎么追视（头颈运动还是眼球运动）
			能追视视线内上下移动的物体	手机上下移动，教师观察学生是否有反应	指令："看手机!"等待学生完成	教师示范并讲解	—				
			能追视视线内圆形移动的物体	手机圆形移动，教师观察学生是否有反应	指令："看手机!"等待学生完成	教师示范并讲解	—				
			能注视周围移动的人，能注视周围移动的物体	老师或玩具汽车在学生注视周围移动，观察学生是否有反应	指令："看老师!""看玩具汽车!"	指令："看着老师（玩具汽车）。"同时教师的食指跟随老师（玩具汽车）移动	—				

评估内容			评估方法				计分		备注
		观察	监督提示	说明与示范	肢体协助	器械辅助	分值	状态	
感知觉训练	视觉	能辨别不同物品	能将两个相同物品配对	相同水杯、毛巾配对	发出指令:"请将相同物品放在一起!"等待学生完成	语言提示"水杯放在一起!毛巾放在一起!"配合动作示范	用肢体辅助学生配对	—	(1)准备演示,两个物品,如积木或铅笔(配对目标);测试者拿出需配对物品(铅笔或积木),并说"把相同的物品放在一起。"(测试者演示)提问:"你知道要怎么做了吗?"(2)呈现另外两个物品(尺子或本子)并进行测试。(3)如此可进阶3种以上
			能将两个相同文字配对	字卡"红、黄"配对,观察学生反应	发出指令:"请将相同字放在一起!"等待学生自我完成	语言提示:"红字放在一起!黄字放在一起!"配合动作示范	用肢体辅助学生配对	—	
		能辨别不同物品	能将两种相同图片配对	图片"苹果、香蕉"配对,观察学生反应	发出指令:"请将相同图片放在一起!"等待学生自我完成	语言提示:"苹果放在一起!香蕉放在一起!"配合动作示范	用肢体辅助学生配对	—	
			能将两种实物及图片配对	将实物水杯、毛巾与相应图片配对,观察学生反应	发指令:"请将图片放在相同实物下面!"等待学生自我完成	语言提示:"将水杯图片放在实物水杯下面!""将毛巾图片放在实物毛巾下面!"配合动作示范	用肢体辅助学生配对	—	
		能利用视觉完成简单的动作模仿	能利用视觉完成模仿单个动作(低头、举手、踢腿)	询问观察学生反应	发指令:"低头!举手!踢腿!"等待学生自我完成	示范并语言提示"低头!举手!踢腿!"	用肢体辅助学生做头颈动作	—	

评估内容			评估方法					计分		备注
			观察	监督提示	说明与示范	肢体协助	器械辅助	分值	状态	
感知觉训练	视觉	能利用视觉完成简单的动作模仿（原地双脚跳拍手）	能利用视觉完成模仿简单的上、下肢配合动作	询问观察学生反应	发指令："原地双脚跳拍手!"等待学生完成	示范并语言提示"原地双脚跳，同时拍手!"	肢体辅助学生做肩部动作	—		
		能察觉到人或物品从原来的位置消失	能察觉人从原来位置上消失有寻求反应	观察学生反应	提问："谁不在了?"	—	—	—		
			能察觉物品从原来位置上消失有寻求反应	观察学生反应	提问："什么东西不在了?"	—	—	—		
		能察觉部分被遮挡的物品	能察觉被遮挡一半的物品	观察学生反应	提问："看到什么东西了吗?"	—	—	—		
		能感知不同方位的人或物品	视觉范围内前面有人或物体出现时有反应	观察学生反应	提问："看看前面有什么啊?"	教师提示:"看看前面是什么?"的同时用手指前方	—	—		
			视觉范围内左边有人或物体出现时有反应	观察学生反应	提问："看看左边有什么啊?"	教师:"看看左边是什么?"的同时用手指前方	—	—		
			视觉范围内右边有人或物体出现时有反应	观察学生反应	提问："看看右边有什么啊?"	教师提示:"看看右边是什么?"的同时用手指前方	—	—		

评估内容				评估方法					计分		备注
				观察	监督提示	说明与示范	肢体协助	器械辅助	分值	状态	
感知觉训练	视觉	能对各种听觉刺激有反应	在同一空间有反应:对物品的声音有反应、对动物的声音有反应、对人物的声音有反应、对物体的声音有反应	学生蒙眼,观察学生反应	指令:"听!"	语言提示:"什么声音?在哪?"	—	—			
			不同空间有反应:对教室外动物的声音有反应、对教室外物体的声音有反应、对教室外人物的声音有反应	学生蒙眼,观察学生反应	指令:"听!"	语言提示:"什么声音?在哪?"	—	—			
		能追踪声源	能追踪(房间内)的声源	观察学生反应	指令:"听!找出来!"	教师示范,学生模仿	—	—			
		能辨别不同声音	能辨别不同人的声音:能辨别爸爸的声音、能辨别妈妈的声音	播放不同人的声音,观察学生反应	指令:"听"让有语言能力的学生说出是谁的声音,让无语言能力的学生用爸爸妈妈的图片,表示是谁的声音	—	—				

128

评估内容			评估方法					计分		备注
			观察	监督提示	说明与示范	肢体协助	器械辅助	分值	状态	
感知觉训练	听觉	能辨别不同声音	能辨别不同动物声音:能辨别小猫声音、能辨别小狗声音	播放不同动物的声音,观察学生反应	指令:"这是什么动物的声音啊?"让有语言能力的学生说出是什么动物的声音。让无语言能力的学生用图片表示是什么动物的声音	—	—	—		
			能辨别各种物体发出的声音:能辨别敲门的声音、能辨别沙锤的声音	播放不同物体发出的声音,观察学生反应	指令:"这是什么声音啊?"让有语言能力的学生说出是什么物体发出的声音。让无语言能力的学生通过出示敲门、沙锤图片,表示发出声音的物体	语言提示:这是××的声音吗?	—	—		
		能对相同的声音再次出现做出相似的反应	对固定声响有联结的动作反应	戴上眼罩,观察学生反应	指令:"什么声音?我们该做什么了?"	—	—	—		

续表

评估内容				评估方法					计分		备注
				观察	监督提示	说明与示范	肢体协助	器械辅助	分值	状态	
感知觉训练	触觉	能对各种触觉刺激有反应	能对冷水(自来水加冰块)有反应	学生将手放入冷水,观察学生反应	—	—	—	—			
			能对烫水(60℃热水)有反应	学生将手放入烫水,观察学生反应	—	—	—	—			
			能对光滑、柔软的物体有反应	请学生摸一摸手机屏幕,观察学生反应;请学生摸一摸布娃娃,观察学生反应	—	—	—	—			
			能对粗糙、带刺的物体有反应	请学生摸一摸石头表面,观察学生反应;请学生摸一摸触觉按摩球,观察学生反应	—	—	—	—			
			学生能指出被触摸的身体部位	触摸学生头部、肚子和大腿,请学生指出来。"请你用手指一指,老师触摸的什么地方啊?"	—	—	—	—			

评估内容			评估方法					计分		备注
			观察	监督提示	说明与示范	肢体协助	器械辅助	分值	状态	
感知觉训练	触觉	能辨别物品的形状、大小、软硬、干湿	能辨别物品的形状	盲盒里分别准备三角形和圆形物品,请学生伸手摸,观察学生反应	指令:"请拿出这个图形。"	—	—	—			
			能辨别物品的大小	盲盒里分别准备大小两球,请学生伸手摸,观察学生反应	指令:"请拿出大球。"	—	—	—			
			能辨别物品的软硬	盲盒里分别准备积木和布沙包,请学生伸手摸,观察学生反应	指令:"请拿出硬的东西。"	—	—	—			
			能辨别物品的干湿	盲盒里分别准备干毛巾和一湿毛巾,请学生伸手摸,观察学生反应	指令:"请拿出湿毛巾。"	—	—	—			
		能分辨出刚刚触摸过的物品	能分辨出刚刚触摸过的物品	先摸老师手中的积木,再在盲盒里摸到刚才老师手中摸的积木	—	—	—	—			

评估内容			评估方法					计分		备注
			观察	监督提示	说明与示范	肢体协助	器械辅助	分值	状态	
感知觉训练	味觉	能对各种味觉刺激有反应	能对酸的食物有反应	品尝一点醋，观察学生反应	—		—	—	—		
			能对甜的食物有反应	品尝一点糖,观察学生反应或访谈家长	—		—	—	—		
			能对咸的食物有反应	品尝一点酱油,观察学生反应	—		—	—	—		
			能对苦的食物有反应	品尝一点黄连,观察学生反应	—		—	—	—		
		能辨别酸、甜、苦等味道	能辨别酸味	学生依次品尝醋、酱油、糖、黄连,观察学生反应。有语言能力的学生：分别说出哪种味道。无语言能力的学生：分别指出是哪种味道	—		—	—	—		
			能辨别甜味	—	—		—	—	—		
			能辨别苦味	—	—		—	—	—		
			能辨别咸味	—	—		—	—	—		

评估内容			评估方法					计分		备注
			观察	监督提示	说明与示范	肢体协助	器械辅助	分值	状态	
感知觉训练	味觉	能分辨出刚刚品尝过的食物	指说出刚刚品尝过的食物	先让学生戴眼罩品尝一点饼干,再请学生在糖和饼干里指出饼干。教师:"你刚才吃的是什么啊?"	—	—	—	—			
	嗅觉	能对各种嗅觉刺激有反应	能对香味有反应	让学生闻一闻香水味道,观察学生反应	—	—	—	—			
			能对臭味有反应	让学生闻一闻臭味,观察学生反应	—	—	—	—			
			能对酸味有反应	让学生闻一闻醋的味道,观察学生	—	—	—	—			
		能辨别各种气味	能辨别香味	让学生依次闻一闻香水、醋的味道。让有语言能力的学生分别说出是哪种味道。让无语言能力的学生分别指出是哪种味道	—	—	—	—			

评估内容			评估方法					计分		备注
			观察	监督提示	说明与示范	肢体协助	器械辅助	分值	状态	
感知觉训练	嗅觉	能辨别各种气味	能辨别臭味	—	—	—	—	—			
			能辨别酸味	—	—	—	—	—			
		能分辨出刚刚闻过的气味	指说出刚刚闻过的气味	先让学生戴眼罩闻一闻香水味道,再请学生在香水和醋里指说出哪个发出了香水味道。教师:"你刚才闻到的是什么味道啊?"	—	—	—	—			
	前庭与本体觉	在不同状态能感知身体各部位的位置	平躺时能感知身体各部位位置	—	指令:"指头!拍手!拍腿!拍肚子!"	配合动作示范	肢体辅助学生	—			
			在不同状态能感知身体各部位的位置	观察学生坐时能感知身体各部位位置	指令:"指头!拍手!拍腿!拍肚子!"	动作示范	肢体辅助学生	—			
			站立能感知身体各部位位置	—	指令:"指头!拍手!拍腿!拍肚子!"	动作示范	肢体辅助学生	—			
			移动时能感知身体各部位位置	—	指令:"指头!拍手!拍腿!拍肚子!"	动作示范	肢体辅助学生	—			

评估内容			评估方法					计分		备注
			观察	监督提示	说明与示范	肢体协助	器械辅助	分值	状态	
感知觉训练	前庭与本体觉	在运动或受到外力作用时，能保持身体平稳	在运动时，能保持身体平稳	学生运动时，观察学生反应	—	—	—	—			
			在受外力作用时，能保持身体平稳	站立时推一下学生，观察学生反应	—	—	—	—			
		在活动中能维持身体协调	能做连续动作	钻阳光隧道，观察学生动作	指令："钻过去！"	示范动作并说："请像老师这样做。"	—	—			
			能以指定动作任务完成活动	播放广播操音乐，观察学生动作	指令："做广播操！"	示范动作并说："请像老师这样做。"	—	—			

（四）沟通与交往训练评估表（附录表4）

附录表4　沟通与交往训练评估表

评估内容			评估方法					计分		备注
			观察或访谈	监督提示	语言、动作提示	肢体协助	器械辅助	分值	状态	
沟通与交往训练	言语准备	在说话时能恰当呼吸	各器官无病变或者异常	观察学生与本项评估内容相关的行为，并记录；访谈其亲近的照顾者，并记录访谈内容							
			用鼻呼吸								
			呼吸频率正常								
			在说话时恰当呼吸								

续表

评估内容			评估方法				计分值	状态	备注
			观察或访谈	监督提示	语言、动作提示	肢体协助	器械辅助		
沟通与交往训练	言语准备	能发出不同的声音，如哭、笑等	能发出哭的声音	观察学生与本项评估内容相关的行为，并记录；访谈其亲近的照顾着，并记录访谈内容	教师对学生说："请发出哭的声音。"	教师说出："请像老师这样做。"然后教师示范发出哭的声音	不适用	不适用	
			能发出笑的声音		教师对学生说："请发出笑的声音。"	教师说出："请像老师这样做。"然后发出笑的声音	挠痒痒		
			能发出咿咿呀呀的声音		教师对学生说："请发出咿咿呀呀的声音。"	教师说出："请像老师这样做。"然后教师示范，发出"咿咿呀呀"的声音	不适用		
		能辨别语音	能辨别妈妈的声音和上课铃声	观察学生与本项评估内容相关的行为，并记录；访谈其亲近的照顾着，并记录访谈内容	准备上课铃声和妈妈的声音，请学生听到妈妈声音时点点头	准备上课铃声和妈妈的声音，两名教师协作，A教师发出指令请学生听到妈妈的声音点点头，B教师示范点头	准备上课铃声和妈妈的声音。两名教师协作，A教师发出指令请学生听到妈妈的声音点点头，B教师轻轻托着学生的头，让学生点点头	不适用	
		能正确的发出简单的语音	能正确地发出元音:ɑ、o、e等	观察学生与本项评估内容相关的行为，并记录；访谈其亲近的照顾着，并记录访谈内容	请学生发出元音ɑ	教师说出："请像老师这样做，发出'ɑ——'，'o——''e——'的声音。"	—	—	
			能正确地发出辅音:b、p、m、f等		请学生发出辅音b	教师说出："请像老师这样做，发出'b——''p——''m——''f——'的声音。"	—	—	

评估内容			评估方法				计分		备注
			观察或访谈	监督提示	语言、动作提示	肢体协助	器械辅助	分值	状态	
沟通与交往技能训练	沟通前技能	能看向他人	观察学生本项目内容相关的行为,并记录,访谈近亲顾着,并记录访谈内容	教师说:"看××。"	两名教师协作,A教师说:"看××。"B教师说:"像我这样做。"然后看向××	两名教师协作,A教师说:"看××。"B教师轻轻从后面将学生的肩膀扶住,再扶住学生的头转向看××	—			
		能主动靠近熟人		教师说:"去找×××。"	两名教师协作,A教师说:"去找×××。"B教师说:"像我这样做。"然后靠近××	两名教师协作,A教师说:"去找×××。"B教师拉着学生的手靠近××	—			
	能有与人沟通的动机	能积极做事获得增强（如喜欢的物品）		教师说:"你去把桌子擦了就能玩玩具啦。"	两名教师协作,A教师说:"你去把桌子擦了就能玩玩具啦。"B教师说:"像我这样做。"然后擦桌子并得到了A教师的玩具	两名教师协作,A教师说:"你去把桌子擦了就能玩玩具啦。"B教师在背后轻扶学生的手擦桌子,之后得到A教师的玩具	—			
		会在需要时求助(用手拉、语音、语言等)		两名教师协作。A教师请学生打开糖果包装,若学生不会,B教师说:"你想请老师帮忙就可以告诉老师或者拉一拉老师的手。"	两名教师协作,A教师请学生打开包装,B教师说:"像我这样做。"然后示范（走到A教师面前说请帮忙）	情景同前,B教师轻轻扶着学生的手,拉他到A教师面前说请帮忙或者拉一拉A教师	—			

续表

评估内容			评估方法					计分		备注
			观察或访谈	监督提示	语言、动作提示	肢体协助	器械辅助	分值	状态	
沟通与交往训练	沟通前技能训练	能有与人沟通的动机	会想要与人聊天、寒暄（用手拉、语音、语言等）		学生的两个和朋友A和B在一起聊天，教师A提醒学生:"你可以一起去聊天哦。"	学生的两个和朋友A和B在一起聊天，教师A说:"像我这样做。"然后示范：走近A和B:"说我想和你们一起玩。"	情景同前，教师轻轻扶着学生的手，拉他到A和B面前，一起玩	—		
			当另一个人出现在自己所在空间时，能够有反应（改变姿势、看向对方等）		教师A正在上课，教师B从门外进来，A对学生说:"看，谁来啦?"	教师A正在上课，教师B从门外进来，A对学生说:"像我这样做。"动作示范：看向教师B	教师A正在上课，教师B从门外进来，教师A扶住学生的肩膀和头，转向看教师B	—		
		能发现身边出现的人、物品及事件	当物品移动或者掉下时会有反应(害怕、捂耳朵、看向物品、开心等)	观察学生与本评估项内容相关的行为，并记录;访谈其亲近照顾着，并记录访谈内容	教师提示:"什么东西掉下来啦?"	—	—	—		
			当其他人在旁边聊天或者玩耍时，能够有反应（微笑或者难过等）		教师提示:"看，他们在聊天/玩哦。"	教师说:"像我这样做。"动作示范:看向聊天的人	提示:"看，他们在聊天/玩哦。"教师轻轻扶住学生的肩膀和头，转向聊天或者玩耍的人	—		
		两人互动时能关注对方	能看向对方的眼睛		教师对学生说:"请看××的眼睛。"	两名教师协作，A教师:"看我的眼睛。"B教师说:"像我这样做。"然后动作示范：看教师的眼睛	提示:"看××的眼睛。"教师轻轻扶住学生的肩膀和头，转向××的眼睛	—		

评估内容			评估方法					计分		备注
			观察或访谈	监督提示	语言、动作提示	肢体协助	器械辅助	分值	状态	
沟通与交往技能训练	前沟通技能	两人互动时能关注对方	听到自己名字有答应	观察学生与本项评估内容相关的行为,并记录;访谈其亲近的照顾着,并记录访谈内容	教师提示"请回答'哎～'。"	两名教师协作,A教师叫学生的名字"××",B教师说:"像我这样做。"然后回答"哎。"	两名教师协作,A教师叫学生的名字,B教师轻轻扶住学生的肩膀和头,协助做点头的动作	—		
			要求能看对方(看手、看脸、看东西等等)		教师对学生说:"请看××。"	两名教师协作,A教师说:"看我。"B教师说:"像我这样做。"然后动作示范看A教师	两名教师协作,A教师说:"看我。"B教师轻轻扶住学生的肩膀和头,协助做看向A的动作	—		
			能关注对方听对方的说话等		教师对学生说:"请听××说话。"	两名教师协作,A教师说:"请听我说话。"B教师说:"像我这样做。"然后动作示范听A教师说话	两名教师协作,A教师说:"请听我说话。"B教师轻轻扶住学生的肩膀和头,协助做听A讲话的动作	—		
			能够关注互动的焦点		两位同学一起玩玩具,老师提示:"注意看玩具哦。"(根据具体的玩具修改名称)	两名教师协作,A教师说:"我们一起玩玩具吧。"B教师说:"像我这样做。"然后动作示范:看向玩具,一起玩	两名教师协作,A教师说:"我们一起玩玩具吧。"B教师轻轻扶住学生的肩膀和头,协助做关注玩具的动作	—		
		能关注多人的互动的焦点并转移注意力	能关注共同玩耍物品并转移注意力		老师同学一起玩击鼓传花或者球类运动,老师提示:"拿好球哦。"	老师同学一起玩击鼓传花或者球类运动,老师提示:"像我这样做。"然后示范如何传球	两名教师协作,A教师同学一起玩击鼓传花或者球类运动,B教师轻轻扶住学生的手,协助做传球的动作	—		
			能关注谈论的话题并转移注意力		教师提示:"请说出××的发型是否发生了变化?"	两名教师协作,A教师引导:"我们谈论了发型,现在给你的好朋友设计发型,你想设计成什么?"B教师示范如何画出发型	—			

续表

评估内容			评估方法				计分		备注
			观察或访谈	监督提示	语言、动作提示	肢体协助	器械辅助	分值	状态
沟通前沟通与交往技能训练	能根据沟通情境的变化做出相应反应	能在明确提示下做出反应	观察学生与评估项目内容相关的行为,并记录;访谈其亲近的照顾着,并记录访谈内容	教师提示:"看图、听指令""请回答""请停下""你不用说了"	教师针对情景做动作示范	肢体辅助反应	—		
		能在恰当时候做出恰当反应		看到同学在玩积木,会说:"我可以玩吗?可以一起玩吗?"	教师针对情景做动作示范	肢体辅助反应			
	能与他人有意识地保持目光接触	看向他人	观察学生与评估项目内容相关的行为,并记录;访谈其亲近的照顾着,并记录访谈内容	教师提示:"看×××。"	两名教师协作,A教师说:"看×××。"B教师说:"像我这样做。"然后看向×××	两名教师协作,A教师说:"看×××。"B教师轻轻从后面将学生的肩膀扶住,再扶住学生的头转向××			
		观察他人的眼神		教师提示:"看×××的眼神。"	示范看眼神	两名教师协作,A教师说:"看××的眼神。"B教师轻轻从后面将学生的肩膀扶住,再扶住学生的头转向××,看××的眼神	—		
		观察他人的表情		教师提示:"看××的表情。"	示范看表情	两名教师协作,A教师说:"看××的表情。"B教师轻轻从后面将学生的肩膀扶住,再扶住学生的头转向××,看××的表情			

评估内容			评估方法				计分		备注
			观察或访谈	监督提示	语言、动作提示	肢体协助	器械辅助	分值	状态
沟通与交往训练	非语言沟通	能对他人沟通信息有恰当的回应	能用动作回应（点头、摇头等）	观察学生与本评估项内容相关的行为,并记录;访谈其亲近照顾着,并记录访谈内容	教师提示:"可以就点点头。"	示范点点头	肢体辅助学生点头或者摇头等	—	
			能用表情回应（高兴、生气、愤怒等）		教师提示:"高兴就笑一笑。"	示范高兴地笑一笑	—	—	
			能用辅助工具回应		教师提示:"如果高兴可以写下来。"	示范写心情	用手轻扶学生手以写回应或者辅助点击学生对应的心情	—	
			能用语言回应（叫本人名字能回答"嗯哎等"）		叫名字	示范听到名字回答"哎"	—	—	
		能用表情、动作或沟通辅具等与他人有基本的沟通	能接收信息（动作手势、语言）,用表情、动作或沟通辅具等做出反应	观察学生与本评估项内容相关的行为,并记录;访谈其亲近照顾着,并记录访谈内容	做不要的手势/安静的手势	示范看到安静的手势停止讲话	—	—	
		能用表情、动作或沟通辅具等与他人有基本的沟通	能用表情、动作或沟通辅具表达基本的需求（吃饭、喝水、玩等）		问:"你要做什么?"	示范请求帮助的动作	—	—	
			能用表情、动作或沟通辅具表达基本的情绪		问:"你开心吗?"	示范开心的样子、难过的样子	—	—	

评估内容			评估方法				计分		备注
			观察或访谈	监督提示	语言、动作提示	肢体协助	器械辅助	分值 状态	
沟通与交往训练	非语言沟通	能用表情、动作或沟通辅具等表达自己的情绪	能用哭、笑等表情表达情绪		问："你现在的心情是什么?"	示范开心、难过的表情	—	—		
			能用跳跃、摆手、抱头等动作表达情绪	观察学生与本项评估内容相关的言行,并记录;访谈其亲近的照顾者,并记录访谈内容	你可以用动作来拒绝	示范摆手表示拒绝	—	—		
			能用辅助工具表达情绪:如指向某种情绪的图片或者情绪按钮,或者一个词语、一句话等		提示："用拿卡片表达心情。"	示范拿卡片的动作	—	—		
		能用表情、动作或沟通辅具等简单描述事件	能用表情描述简单事件(怎么评估? 能用眼神表达在那里,眼睛示意)	观察学生与本项评估内容相关的言行,并记录;访谈其亲近的照顾者,并记录访谈内容	提示："你很惊讶的话是什么表情?"	示范惊讶的表情、害怕的表情	—	—		
			能用动作描述事件(比如连续动作、有意义手语等)		提示："你可以用动作来说说刚才怎么啦?"	示范拉同学擦桌子	—	—		
			能用辅助工具描述事件(图片拼接、字词链接、语音对话等)		提示："你可以用图片来表示刚才发生的事情。"	示范摆放卡片来说明事件	—	—		

评估内容			评估方法				计分		备注
			观察或访谈	监督提示	语言、动作提示	肢体协助	器械辅助	分值	状态
沟通与交往训练	口语沟通	能理解语音的含义	对常见语音做出适当的反应		提示:"刚才什么声音?"	教师示范挥手并说:"嗨。"学生能够回应"嗨"或者挥手	教师轻轻扶住学生的手,对"嗨"做挥手的动作	—		
		能听懂常用词语和词组	对常用名词做出适当的反应	观察学生与评估项目内容相关的行为,并记录;访谈其亲近照顾着,并记录访谈内容	提示:"这是什么?"(人名、称呼、常见物品、身体部位、地点、时间)	教师示范回答	—	—		
		能听懂常用词语和词组	对常用动词做出适当的反应		提示:"这是在干什么?"(走、跑、跳、拿、抱、看、听等)	教师示范做动作	肢体协助学生做动作	—		
		能听懂日常沟通中的简单句	对简单句做出适当反应		师:"坐下。"	教师示范做动作	肢体协助学生做动作	—		
		能听懂日常沟通中两个以上指令	能对两个指令做出适当反应	观察学生与评估项目内容相关的行为,并记录;访谈其亲近照顾着,并记录访谈内容	师:"拿扫把扫地,再拿杯子喝水。"	教师示范做动作	肢体协助学生做动作	—		
			能对三个指令做出适当反应		师:"拿作业本写字再交给老师。"	教师示范做动作	肢体协助学生做动作	—		
			能对三个指令以上做出适当反应		师:"拿扫把扫地,然后放好,把门关上哦。"	教师示范做动作	肢体协助学生做动作	—		

评估内容			评估方法				计分		备注
		观察或访谈	监督提示	语言、动作提示	肢体协助	器械辅助	分值	状态	
沟通与交往训练	口语沟通	能用声音、简单词语进行表达	能用声音表达需求、情绪、事件等（通用或者自创）	观察学生与评估项内容相关的行为，并记录其亲照着,并访谈近顾记录内容	两位教师,一位教师引逗孩子,另一位教师提示:"你刚才是开心吗?快乐吗?高兴吗?"	—	—	—		
			能用简单词语表达需求、情绪、事件等（通用或者自创）			—	—	—		
		能用常用词语和词组表达需求、拒绝、和描述事件	能用常用词语和词组表达需求		两位教师,一位准备孩子喜欢的玩具,刺激想要的欲望;另一位教师提示:"你可以这样说:玩××玩具。"	—	—	—		
			能用常用词语和词组表达拒绝		提示:"你如果想要怎么绝?"	动作示范:我今天不想做运动	—	—		
			能用常用词语和词组表达情绪		提示:"如果你开心/难过,你会怎么说?"	动作示范:我今天不太开心/我今天很高兴	—	—		
			能用常用词语和词组描述事件		提示:"谁在哪里做什么?"	动作示范:擦桌子	—	—		

评估内容			评估方法				计分		备注
			观察或访谈	监督提示	语言、动作提示	肢体协助	器械辅助	分值	状态
沟通与交往训练	口语沟通	能用常用句表达需求、拒绝、情绪和描述事件	能用常用句表达需求	观察学生与本评估项目内容相关的行为，并记录其亲近的照顾者，并记录访谈内容	两位教师，一位准备孩子喜欢的玩具，刺激孩子想要的欲望；另一位教师提示："你可以说：'老师，我想玩××的玩具。'"	动作示范：一边拉老师一边说请帮忙	—			
			能用常用句表达拒绝		两位教师，一位教师准备孩子不想玩的玩具给孩子，说"我来玩这个吧。"另一位教师提示："你可以说：'我不想玩。'"	动作示范：我现在不想玩	—	—		
			能用常用句表达情绪		两位教师，一位老师引逗孩子，另一位教师提示："你刚才是开心/快乐/高兴吗？"	动作示范：我现在很开心/不舒服	—			
			能用常用句描述事件		教师提示："谁刚才发生了什么事情？"	示范描述的内容	—			

续表

评估内容			评估方法					计分		备注
			观察或访谈	监督提示	语言、动作提示	肢体协助	器械辅助	分值	状态	
沟通与交往训练	口语沟通	能使用两个以上句子表达需求、拒绝和描述事件	能用两个以上句子表达需求	观察与评估项内容相关的行为，并记录；访谈其亲近照顾着，并记录访谈内容	教师提示："你需要什么？"	示范如何表达	—	—			
			能用两个以上句子表达拒绝		教师提示："可以说一说拒绝的理由吗？"	示范如何拒绝	—				
			能用两个以上句子表达情绪		教师提示："可以说一说你的心情。"	示范如何表达心情	—				
			能用两个以上句子描述事件		教师提示："刚刚发生了什么事情，经过是怎么样的？"	示范如何描述事件	—				

（五）情绪行为训练评估表（附录表5）

附录表5　情绪行为训练评估表

评估内容			评估方法					计分		备注
			形式	监督提示	语言、动作提示	肢体协助	器械辅助	分值	状态	
情绪与行为训练	情绪识别	能从面部表情、语言、动作等识别高兴或难过的情绪	能识别表达高兴的情绪的面部表情	能描述图例中的情绪形态（如眉毛上扬、嘴巴张开等）	老师做出相应的表达高兴的动作	—	—	—			
			能识别表达高兴的情绪的动作和表情	能够识别开心时会做出的动作	—	—	—				
			能识别表达高兴情绪语言	能够识别开心时会说的话语	—	—	—				
			能识别表达难过的情绪的面部表情	能够描述图例中的情绪形态（如垂头、流泪等）	—	—	—				
			能识别表达难过的情绪的动作、表情	能够识别：如难过时会做出的动作表现	—	—	—				
			能识别表达难过情绪的语言	能够识别：如难过时会说的话语	—	—	—				

评估内容			评估方法					计分		备注
			形式	监督提示	语言、动作提示	肢体协助	器械辅助	分值	状态	
情绪与行为训练	情绪识别	能从面部表情、语言、动作等识别其他简单的情绪	能识别表达害怕的情绪的动作、表情	描述图例中的情绪形态(如嘴巴张开、眼神惊恐等)	—	—	—	—			
			能识别表达害怕的情绪的动作、表情	能够识别害怕时会做出的动作	—	—	—	—			
			能识别表达害怕情绪的语言	能够识别害怕时会说的话语	—	—	—	—			
			能识别表达生气的情绪的面部表情	描述图例中的情绪形态(如咬牙切齿、鼻孔张开等)	—	—	—	—			
			能识别表达生气的情绪的动作、表情	能够识别生气时会做出的动作	—	—	—	—			
			能识别表达生气情绪的语言	能够识别生气时会说的话语	—	—	—	—			
情绪与行为表达	情绪表达	能以面部表情、语言、动作等适当表达自己的情绪	能以面部表情表达高兴/开心	测试询问:"当你高兴(开心)时,你会做出什么样的表情?"	—	请你用表情表达开心	协助面部表情动作	—			
			能以面部表情表达伤心/难过	测试询问:"当你伤心(难过)时,你会做出什么样的表情?"	—	请你用表情表达伤心	协助面部表情动作	—			
			能以面部表情表达生气/愤怒	测试询问:"当你生气(愤怒)时,你会做出什么样的表情?"	—	请你用表情表达生气	协助面部表情动作	—			
			能以面部表情表达害怕/惊恐	测试询问:"当你害怕(惊恐)时,你会做出什么样的表情?"	—	请你用表情表达害怕	协助面部表情动作	—			
			能以语言表达高兴/开心	测试询问:"当你高兴(开心)时,你会说什么?"	—	—	—	—			
			能以语言表达伤心/难过	测试询问:"当你伤心(难过)时,你会说什么?"	—	—	—	—			

评估内容			评估方法					计分		备注
			形式	监督提示	语言、动作提示	肢体协助	器械辅助	分值	状态	
情绪与行为表达	情绪表达	能以面部表情、语言、动作等适当表达自己的情绪	能以语言表达生气/愤怒	测试询问："当你生气/愤怒时，你会说什么?"	—	—	—	—			
			能以语言表达害怕/惊恐	测试询问："当你害怕(惊恐)时，你会说什么?"	—	—	—	—			
			能以动作表达高兴/开心	测试询问："当你高兴/开心时，你会做出什么样的动作?"	—	—	—	—			
			能以动作表达伤心/难过	测试询问："当你伤心/难过时，你会做出什么样的动作?"	—	—	—	—			
			能以动作表达生气/愤怒	测试询问："当你生气/愤怒时，你会做出什么样的动作?"	—	—	—	—			
			能以动作表达害怕/惊恐	测试询问："当你害怕/惊恐时，你会做出什么样的动作?"	—	—	—	—			
情绪与行为训练	情绪理解	能在不同情境下适当表达自己的情绪	能分辨欢乐、喜欢、需求被满足情境下自己的情绪(开心、高兴)	(1)情绪故事。询问学生："当你得到喜欢的物品，你会开心还是难过?"(2)请家长或老师描述发生的场景，让学生说出他的情绪，和这种情绪产生的原因	—	—	—	—			
			能分辨失去物品、分离、受伤等情境下自己的情绪(难过、伤心)	(1)情绪故事。询问学生："当你失去喜欢的物品，你会开心还是难过?"(2)请家长或老师描述发生的场景，让学生说出他的情绪和这种情绪产生的原因	—	—	—	—			

评估内容			评估方法					计分		备注
			形式	监督提示	语言、动作提示	肢体协助	器械辅助	分值	状态	
情绪与行为训练	情绪理解	能在不同情境下适当表达自己的情绪	能分辨被拒绝、未被满足情境下自己的情绪（生气、愤怒）	(1) 情绪故事。询问学生："当你被拒绝，你会有什么情绪？"(2) 请家长或老师描述发生的场景，让学生说出他的情绪和这种情绪产生的原因	—	—	—	—			
			能分辨陌生环境、危险场景、危险事物下自己的情绪（害怕、惊恐）	(1) 情绪故事。询问学生："当你处于陌生危险环境，你会有什么情绪？"(2) 请家长或老师描述发生的场景，让学生说出他的情绪和这种情绪产生的原因							
		能辨别不同情境并理解他人的情绪	能分辨欢乐、喜欢、需求被满足情境下他人的情绪（开心、高兴）	(1) 情绪故事。询问学生："当他得到喜欢的物品，他会开心还是难过？"(2) 请家长或老师描述发生的场景，让学生说出他的情绪和这种情绪产生的原因	—	—	—	—			
			能分辨失去物品、分离、受伤等情境下他人的情绪（难过、伤心）	(1) 情绪故事。询问学生："当他失去喜欢的物品，他会开心还是难过？"(2) 请家长或老师描述发生的场景，让学生说出他的情绪和这种情绪产生的原因	—	—	—	—			
			能分辨被拒绝/未被满足情境下他人的情绪(生气、愤怒)	(1) 情绪故事。询问学生："当他被拒绝，他会有什么情绪？"(2) 请家长或老师描述发生的场景，让学生说出他的情绪和这种情绪产生的原因	—	—	—	—			

评估内容			评估方法						计分		备注
			形式	监督提示	语言、动作提示	肢体协助	器械辅助	分值	状态		
情绪与行为训练	情绪理解	能在不同情境下适当表达自己的情绪	能分辨陌生环境、危险场景、危险事物下他人的情绪（害怕、惊恐）	（1）情绪故事。询问学生："当他处于陌生危险环境，他会有什么情绪?"（2）请家长或老师描述发生的场景，让学生说出他的情绪和这种情绪产生的原因	—	—	—	—			
	情绪调节	能用安全、不干扰他人的方式调整自己的情绪	能用安全、不干扰他人的方式调整自己高兴/开心的情绪	询问学生："当你觉得高兴/开心时，你会做什么让自己平静?"	—	—	—	—			
			能用安全、不干扰他人的方式调整自己难过/伤心的情绪	询问学生："当你感到难过/伤心时，你会做什么让自己平静?"	—	—	—	—			
			能用安全、不干扰他人的方式调整自己生气/愤怒的情绪	询问学生："当你感到生气/愤怒时，你会做什么让自己平静?"	—	—	—	—			
			能用安全、不干扰他人的方式调整自己害怕/惊恐的情绪	询问学生："当你感到害怕/惊恐时，你会做什么让自己平静?"	—	—	—	—			

评估内容			评估方法					计分		备注
			形式	监督提示	语言、动作提示	肢体协助	器械辅助	分值	状态	
情绪与行为训练	情绪调节	能用寻求帮助的方式调节自己的情绪	能用寻求他人帮助的方式调节难过的情绪	询问学生："当你感到难过时，你可以找谁?"	—	当你感到难过时，你可以找（带学生找）	—	—			
			能用寻求他人帮助的方式调节生气的情绪	观察学生，评估其表现，了解学生是否能用寻求他人帮助的方式调解情绪	—	当你感到生气时，你可以找（带学生找）	—	—			
			能用寻求他人帮助的方式调节害怕的情绪		—	当你感到害怕时，你可以找（带学生找）	—	—			
			能用寻求他人帮助的方式调节高昂的情绪		—	—	—	—			
	行为管理	能用适当行为获取他人注意	能够用适当的肢体行为（举手、挥手等）获取他人关注	访谈家长，观察学生表现，评估学生在主要沟通方式下是否能够用适当行为（挥手、微笑）向他人打招呼（允许学生在评估环境中多项参考情境都不进行时，开展提示测验）	—	当你要和其他人打招呼时，你可以挥手或举手（教师协助做动作）	—	—			
			能够用适当的语言行为（图片文字、说话声音等）获取他人的关注	观察学生，评估表现，了解学生能否用适当的语言行为获取他人的关注	—	—	—	—			
		能够用适当的肢体行为选择喜欢的物品或活动	能够用适当的肢体行为（走向、靠向、手指、手拿等)选择喜欢的物品或活动	观察学生，评估表现，了解学生能否用适当的肢体行为选择喜欢的物品或活动	—	—	—	—			
			能够用适当的语言行为(图片文字、说话、声音等)选择喜欢的物品或活动	观察学生，评估表现，了解学生能否用适当的语言行为选择喜欢的物品或活动	—	—	—	—			

三、情绪评估材料

（一）表情材料

附录图 1 为表达害怕的情绪评估材料。

（1）　　　　　　　　　　　　（2）

附录图 1　表达害怕

附录图 2 为表达开心的情绪评估材料。

（1）　　　　　　　（2）　　　　　　　　　（3）

附录图 2　表达开心

附录图 3 为表达难过的情绪评估材料。

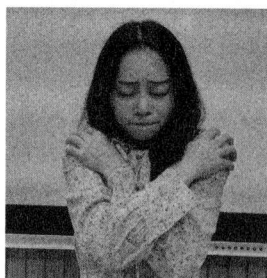 

（1）　　　　　　　　　　　　（2）

附录图 3　表达难过

附录图 4 为表达生气的情绪评估材料。

（1）　　　　　　　　（2）　　　　　　　　（3）

附录图 3　表达生气

（二）话语材料

在日常生活中，不同年龄段的人在开心和难过时会用各自独特的话语来表达情绪。

1. 儿童

对于儿童而言，当处于开心状态时，他们往往会因简单的事物而雀跃，会兴奋地喊出："好多好吃的呀！""玩玩具啦！""放学回家啦！"这些话语充满童真，直接反映出他们对生活中常见乐趣的喜爱。

当儿童感到难过时，可能会带着哭腔说："好难过！好伤心！"紧接着会说出难过的缘由，如"我的玩具掉了"；或者表达对亲人的依赖——"我要妈妈"，尽显孩子的脆弱与对关怀的渴望。

2. 青年

青年在开心时，表达会相对含蓄和多样化。看到心仪的东西，可能会赞叹："这衣服好漂亮！"结束一天的工作时会轻松地说："下班啦！"也可能会提议："走，看电影！"

当青年遭遇不顺而难过时，通常会直白地倾诉内心的痛苦，喊出："好难过！好伤心！"若是财物方面受损，可能会懊恼地说："我的钱掉了！"

3. 老人

老人因家庭团聚感到满足时会笑着说："孩子回来啦！"品尝到美味时会称赞：《这糖好好吃！》有出行游玩的机会时，会愉快地说："坐车去玩啦!"

　　当老人难过时，也会和青年、儿童一样表达内心的悲伤："好难过！好伤心！"同样在财物丢失时，会心疼地念叨："我的钱掉了！"这些话语体现出老人对生活安稳的期望和对财物的珍惜。

后　记

随着社会的发展和人们对特殊儿童康复需求的理解逐渐深入，培智学校的康复训练课程逐渐受到关注。对于特殊儿童来说，康复训练不仅是一种医疗过程，更是一种社会适应与生活质量提升的重要手段。

本书是对培智学校康复训练课程实施过程全面而深入的探讨。希望这本书能为特殊教育领域的专业人士、学生和家长提供有关培智学校康复训练课程的实用信息，使读者能够更系统、更有效地了解和理解培智学校的康复训练课程，并能够从中获得一些启示和帮助。在编写这本书的过程中，我经历了许多困难和挑战，但同时也收获了许多宝贵的经验和教训。在后记中，我想分享一些我在编写本书过程中的感悟和思考。

在编写本书的过程中，我学到了许多宝贵的经验。首先，我深刻地认识到实践的重要性。理论知识固然重要，但只有通过实践，才能真正地掌握和应用这些知识。其次，我认识到团队合作的重要性。每个人都有自己的长处和短处，只有通过团队合作，才能最大限度地发挥每个人的优点，弥补每个人的不足。最后，我学到了如何从失败中汲取教训，不断反思和总结，以便在未来的工作中做得更好。

这本书能顺利面世，首先要感谢课题组的老师们。在研究过程中，大家都表现出了极高的专业素养和执着的精神，进行了大量的文献研究和实践尝试，对培智学校的康复训练课程进行了深入的分析和研究，为这本书的出版提供了基础。

其次，我要感谢所有参与这本书编写和出版的工作人员。他们付出了大量的时间和精力。他们的辛勤工作，使这本书得以与读者见面。

再次，我要感谢在培智学校工作的教师和康复训练师。他们为这本书提供了丰富的实践经验和深入的见解。他们的专业知识和经验，为这本书提供了重要的支持和指导，使这本书具有了很高的参考价值。

最后，我要感谢那些一直支持和帮助我的人。他们的鼓励和支持，使我有勇气和信心去探索这个领域，并最终完成了这本书。由于笔者水平有限，本书难免存在不足，敬请各位专家、同行批评指正。

出版此书的初衷，是给那些正在或将要参与培智学校康复训练课程的人提供一些帮助和启示。我希望通过这本书，能够让更多的人了解培智学校的康复训练课程，并让更多的人从中受益。

在未来的日子里，我将继续关注特殊教育领域的发展，并希望能够为那些需要帮助的人提供更多的支持和关爱。让我们一起努力，为特殊儿童的教育和康复做出更大的贡献。

蔡晓莉

2024 年 11 月